中国轻工业"十四五"规划教材

U0688909

品系列教材

文化创意产品设计

慕课版

李程 著

人民邮电出版社

北京

图书在版编目（CIP）数据

文化创意产品设计 ：慕课版 / 李程著. -- 北京 ：
人民邮电出版社，2023.6
高等院校艺术设计精品系列教材
ISBN 978-7-115-61642-5

Ⅰ. ①文… Ⅱ. ①李… Ⅲ. ①文化产品－产品设计－
高等学校－教材 Ⅳ. ①G124

中国国家版本馆CIP数据核字(2023)第067005号

内 容 提 要

本书全面、系统地介绍了文化创意产品设计的相关知识和基本设计技巧，包括文化创意产品设计学习方法论、景区文化创意产品设计、城市文化创意产品设计、主题文化创意产品设计、文化创意产品设计赏析等内容。

本书内容以知识点讲解和课堂案例为主线。知识点讲解深入浅出、通俗易懂，内容上层次分明、条理清晰，能够使学生系统地了解文化创意产品设计的注意事项和基本流程；案例部分将知识与实际的文化创意产品设计过程紧密连接，通过理论与实践相结合的方式帮助学生灵活地将基础知识运用到实战当中。

本书可作为高等院校产品设计类专业的教材，也可以作为相关从业者的参考用书。

◆ 著　　　　李　程
　 责任编辑　桑　珊
　 责任印制　王　郁　焦志炜
◆ 人民邮电出版社出版发行　　北京市丰台区成寿寺路 11 号
　 邮编　100164　电子邮件　315@ptpress.com.cn
　 网址　https://www.ptpress.com.cn
　 涿州市般润文化传播有限公司印刷
◆ 开本：787×1092　1/16
　 印张：11.5　　　　　　　　　　　2023 年 6 月第 1 版
　 字数：204 千字　　　　　　　　　2025 年 8 月河北第 6 次印刷

定价：69.80 元

读者服务热线：(010)81055256　印装质量热线：(010)81055316
反盗版热线：(010)81055315

前　言

　　本书全面贯彻党的二十大精神，以社会主义核心价值观为引领，传承中华优秀传统文化，坚定文化自信，使内容更好体现时代性、把握规律性、富于创造性。

　　本书从文化创意产品设计师职业岗位需求出发，介绍了文化创意产品设计学习及设计实践中应掌握的设计流程与方法，通过3个典型案例、9个拓展案例、9个知识技能点、24个原创设计案例赏析，详细解析了景区、城市、主题3类文化创意产品设计的专业技能要点与思维要求，通过学习本书读者能掌握文化创意产品设计的工作技能与方法，并能举一反三、融会贯通。本书各章的内容如下。

　　第1章介绍了文化创意产品设计师需要了解的专业知识、行业概况以及学习方法。第2章至第4章用3个案例循序渐进地讲解了文化创意产品设计师需要具备的景区、城市、主题3类文化创意产品设计能力。3个案例为真实的教学、科研与社会服务案例，具有典型性与代表性。第2章至第4章在讲解案例流程的同时剖析职业文化创意产品设计师所需具备的关键技能，再辅以拓展案例，以满足项目式、案例式教学要求。第5章提供了3类原创设计案例赏析，可供从业者学习与模仿。

　　本书的最大特点是符合读者的学习认知规律，通过形象生动的案例将文化创意产品设计的流程与方法传授给读者，读者更加容易接受；同时运用通俗易懂的语言，将职业精神和职业规范、中华优秀传统文化、正确的艺术观和创作观、文化自信等课程思政要素融入内容，向读者讲述如何成为一名合格的文化创意产品设计师。

　　本书为苏州工艺美术职业技术学院国家"双高计划"专业群建设

成果，得到了江苏省高校"青蓝工程"项目资助，系第二批国家级职业教育教师教学创新团队重点课题研究项目"新时代职业院校文化创意专业群领域团队教师教育教学改革创新与实践"（课题编号：ZH2021080301）、江苏省高等教育教改研究重点课题项目"艺术设计类高等职业教育本科专业教学标准制定研究"（课题编号：2021JSJG585）、第五期江苏省职业教育教学改革研究重点课题项目"高职院校艺术设计类专业课程思政与专业教学融合的实施路径与实践研究"（课题编号：ZCZ121）、江苏高校哲学社会科学研究项目"高职院校艺术设计高水平专业群建设的理论与实践研究"（项目批准号：2020SJA1462)的阶段性研究成果。

在本书的写作过程中，笔者深切感受到每一次进步都离不开领导、同事与学生的帮助。书中原创设计案例与作品为周敏、何召文、夏正一、李瑞、李苏南、王媛媛、王彬、周靖淋、王首栋、付伟、郑暕、文苑、康林燊、陈昌亮、李思雨、张世强、张镇、林杰东、吴力、刘欣、张茜、徐珊、黎艳、周文、司雪、熊楚格、赵凯文、常云舒、彭钰玲、白羽、邓娜、韩子锐、李倩如、仇辰、唐琳、卢易、庆蕾、张丹丹、王雅倩、张欣然、苏晓华等同学与笔者的作品。感谢王佳馨、王佳川、赵一衡同学参与文本整理校对工作。本书在写作过程中，得到学校党委范卫东书记、刘斑校长的亲切鼓励，感谢工业设计学院李炜、韦文波两位院长的具体指导，以及人民邮电出版社桑珊编辑的全力支持。在此对各位领导专家的殷切期望与提供的专业指导表示最诚挚的感谢。

由于笔者水平有限，书中恐有疏漏或不当之处，恳请有关专家和广大读者批评指正。

著者

2023年2月

CONTENTS

目 录

01

第1章
文化创意产品设计
学习方法论

1.1　文化创意产品概述　　2

1.2　文化创意产业发展状况　3

1.3　文化创意产品设计典型任务　4

1.4　文化创意产品设计学习方法　6

02

第2章
景区文化创意产品设计
——天目湖景区文化创意产品设计
9

2.1　**项目介绍学习目标与设计流程** 10

2.1.1　项目介绍　10

2.1.2　学习目标　10

2.1.3　设计流程　11

2.2　**案例解析**　11

2.2.1　网络与实地调研　11

2.2.2　设计方向的探索　14

2.2.3　设计概念的深化　16

2.2.4　设计作品的呈现与展示　17

2.3　**关键点描述**　18

2.3.1　思维导图　18

2.3.2　手绘表现　22

2.3.3　计算机辅助工业设计　26

目 录

2.4 案例拓展 33
　2.4.1 状元活字魔方设计 33
　2.4.2 醉美竹香座设计 35
　2.4.3 南山竹海景区周边创意
　　　　产品设计 37

03

第3章
城市文化创意产品设计
——苏州城市文化创意产品设计
40

3.1 学习目标与流程 41
　3.1.1 项目介绍 41
　3.1.2 学习目标 42
　3.1.3 设计流程 42
3.2 案例解析 43
　3.2.1 城市文化创意产品市场样品
　　　　采集与研究分析 43
　3.2.2 消费者问卷调查与分析 54
　3.2.3 消费者消费行为深度访谈与
　　　　分析 63
　3.2.4 文化创意产品开发原则与
　　　　建议开发方向 65
　3.2.5 设计方案主题研究与
　　　　概念确定 69

　3.2.6 设计作品的呈现与展示 72
3.3 关键点描述 73
　3.3.1 形态分析 73
　3.3.2 问卷调查 80
　3.3.3 深度访谈 84
3.4 案例拓展 87
　3.4.1 花窗元素笔筒设计 87
　3.4.2 水乡元素茶具设计 88
　3.4.3 苏式糖果包装设计 91

04

第4章
主题文化创意产品设计
——"水上江南"文化创意产品设计
93

4.1 学习目标与流程 94
　4.1.1 项目介绍 94
　4.1.2 学习目标 95
　4.1.3 设计流程 95
4.2 案例解析 96
　4.2.1 地域文化与生活形态调研 96
　4.2.2 文化创意产品调研 100
　4.2.3 人物角色与产品定义 105
　4.2.4 产品方案设计与深化 109
　4.2.5 手板模型验证 114

4.2.6　设计作品的呈现与展示　115

4.3　关键点描述　117

4.3.1　卡片归纳分类　117

4.3.2　人物角色分析　121

4.3.3　手板模型验证　126

4.4　案例拓展　132

4.4.1　"园意"文化创意
　　　　产品设计　132

4.4.2　"知足"文化创意
　　　　产品设计　134

4.4.3　"水墨苏乡"文化创意
　　　　产品设计　138

05

第5章
文化创意产品设计赏析 141

5.1　景区文化创意产品设计　142

5.2　城市文化创意产品设计　149

5.3　主题文化创意产品设计　161

参考文献　　　　　　　　175

01

第1章

文化创意产品设计
学习方法论

1.1 文化创意产品概述

要想说清楚什么是文化创意产品，首先要了解什么是文化。所谓文化，广义上是指人类在社会实践过程中所获得的物质、精神的生产能力和创造的物质、精神财富的总和；狭义上是指精神生产能力和精神产品，包括一切社会意识形态，有时又专指教育、科学、文学、艺术、卫生、体育等方面的知识与设施。

而创意是创造意识或创新意识的简称，是以新的方式对社会原有内容进行再解读与再创造，美术、文学、音乐等是其主要的表现形式。文化创意就是通过创新的方式系统化地对文化主题进行创意转化，并力图使其被受众广泛接受。

所以文化创意产品是指以文化、创意理念为核心，是创意人的知识、智慧和灵感在特定行业的物化表现。文化创意产品是具有文化内涵的创新性产品，其核心要义是对文化内容进行创新性转化，如图1-1所示。狭义的文化创意产品是物质产品，具有文化主题、创意转化、市场价值3个特点；而广义的文化创意产品既可以是物质实体，也可以是非物质形态的服务，包括任何能够满足人们需求的产品，但同样具有狭义的文化创意产品的3个特点。本书所讲授的文化创意产品主要是物质产品，即狭义的文化创意产品。

▲ 图1-1 "生生慢"苏式生活用品系列

1.2 文化创意产业发展状况

文化创意产品的发展是建立在文化创意产业发展的基础上的。联合国教科文组织将文化创意产业概括为：文化创意领域专业人才凭借自身专业素养、职业技能与创新思维，通过对特定文化资源的继承、重构与创新，所创造的具有强烈文化属性的产品与服务，以及基于知识产权开发而创造财富和就业机会的活动。

在信息化时代，一个国家的经济命运会与这个国家对文化资源和文化产品的创意能力紧密相连。文化创意产业已经不仅是一种能够创造巨大经济效益的现实产业，更成为各个国家和地区的文化发展策略的重要组成部分。2006年可以视为我国"文化创意产业"振兴元年，《人民日报》12月发表题为《呼唤中国"文化创意产业"的崛起》的时事评论文章，文中提出：文化创意产业是推崇创新精神、文化创造力，强调文化艺术对经济的支持与推动的产业。2009年7月，我国第一部文化产业专项规划《文化产业振兴规划》通过。

2014年3月，国务院正式发布《关于推进文化创意和设计服务与相关产业融合发展的若干意见》，其中提出文化具有引领作用，强化文化创意和设计服务与相关产业融合发展已经成为国家战略。推进文化创意和设计服务等新型、高端服务业发展，促进与实体经济深度融合，是培育国民经济新的增长点、提升国家文化软实力和产业竞争力的重大举措，是发展创新型经济、促进经济结构调整和发展方式转变、加快实现由"中国制造"向"中国创造"转变的内在要求，是促进产品和服务创新、催生新兴业态、带动就业、满足多样化消费需求、提高人民生活质量的重要途径。

2017年3月，国务院办公厅印发《关于转发文化部等部门中国传统工艺振兴计划的通知》。2022年6月，文化和旅游部、教育部、科技部等十部门印发《关于推动传统工艺高质量传承发展的通知》。因此，我们要立足中华民族优秀传统文化，发掘和运用传统工艺所包含的文化元素和工艺理念，丰富传统工艺的题材和产品品种，提升设计与制作水平，提高产品品质，培育中国工匠和知名品牌，使传统工艺在现代生活中得到新的广泛应用，推动传统工艺实现创造性转化、创新性发展，更好地服务经济社会发展和人民高品质生活。从中央到地方不断出台的政策，给文化创意产业带来了前所未有的机遇。消费者对文化创意产品的旺盛需求、文化创意产业广阔的市场空间吸引着越来越多的投资者和创新创业企业加入，各大细分领域优秀企业大量涌现；可以预见，文化创意产业必将成为推动国民经济发展的重要力量。

1.3 文化创意产品设计典型任务

学习方法论

文化创意产品
设计的三种典型
任务

文化创意产品设计范围非常广泛，鉴于本书讲的是物质产品，所面对的读者也是从事艺术设计实践的从业者。本书从文化创意产品设计师的典型工作任务出发，将文化创意产品设计划分为景区文化创意产品设计、城市文化创意产品设计、主题文化创意产品设计3类。

1. 景区文化创意产品设计

景区文化创意产品设计是指通过深入研究特定景区的主要文化特色，从中挖掘设计元素并进行创意表达，设计具有一定使用与纪念价值的产品来体现景区的文化形象。此类设计项目需要先对景区相关信息进行搜集和整理，再梳理景区特色元素并寻找合适的设计方向，运用手绘、效果图得方式对确定的设计概念进行深化，最终呈现出符合要求的文化创意产品，如图1-2所示。此类设计项目也适用于影视娱乐艺术衍生品、活动与会展衍生品、企业与品牌衍生品等。

▲ 图1-2　天目湖景区文化创意产品设计

2. 城市文化创意产品设计

城市文化创意产品设计是指通过深入研究用户的使用需求和情感诉求，设计有针对性的创意产品来体现城市形象和文化价值。此类设计项目需要对市场现有产品进行抽样调查分析，对消费者的消费行为、消费态度进行定性定量分析，根据市场与用户的研究数据分析得出产品开发的方向与原则，再进行有针对性的产品开发，如图1-3所示。

▲ 图1-3 苏州城市文化创意产品设计

3. 主题文化创意产品设计

主题文化创意产品设计是指通过深度挖掘中华传统文化中的优秀元素与内涵，提炼出主题进行生活用品设计开发，帮助用户通过使用产品体会中华优秀造物文化之美，体验适合当代生活形态的中华优秀价值观与生活方式，增强文化自信。此类设计项目需要研究地区文化与生活形态，寻找合适的设计理念、方式和产品类型，通过对核心理念和产品类型的界定确定人物角色和产品定位，并进行方案设计与深化开发，如图1-4所示。主题文化创意产品设计是将中华优秀传统文化融入现代生活的重要方式，也是使文化创意产品从小众需求走向大众消费的必要手段，更是提高人民生活品质、满足人民对美好生活向往的必经之路。

▲ 图1-4　各类主题文化创意产品设计

1.4　文化创意产品设计学习方法

学习方法论

如何更好地
学习文化创意
产品设计

　　结合从事12年文化创意产品设计教学与实践经验，笔者认为学习文化创意产品设计最好的方法是通过项目案例进行学习，即在一个文化创意产品设计工作任务中熟悉设计的流程与方法，掌握设计技能和思维方式。这种学习方法符合读者的认知规律，能够让读者将主要关注点放在掌握文化创意产品设计实务能力上，同时激发读者掌握设计技能的兴趣。

　　本书列举了3个典型案例进行讲解，这3个案例代表3类典型文化创意产品设计任务，分别是景区文化创意产品设计、城市文化创意产品设计、主题文化创意产品设计。本书对3个案例的讲解从易到难、由浅入深，符合读者的学习认知规律，如图1-5所示。

▲ 图1-5　3个案例的包含关系

本书在讲述每个案例时，首先会提出该部分的项目介绍及学习目标，其次结合案例说明设计流程，最后进行设计案例的详细解析。在对典型案例讲解结束后，提出案例中几个需要掌握的关键技能与设计方法，再通过3个拓展案例加深认识。案例讲解逻辑关系如图1-6所示。本书最后一章还为每个案例分别提供了8个原创设计案例供读者赏析。

▲ 图1-6　案例讲解逻辑关系

本书作为新形态一体化教材，学习素材丰富、教学资源立体，既适合传统教学方式，也适合翻转课堂与混合式教学使用。授课教师可以采用传统方式教学，同时师生可扫码获得对应章节的配套教学资源，以方便授课教师备课授课、学生预习复习，如图1-7所示。授课教师也可以采用翻转课堂与混合式教学，课前让学生线上学习相应章节内容并布置作业；线下授课时组织汇报讲解，答疑解惑，如图1-8所示。师生可以通过教材服务公众号和教学共建群与教材编著者对话，解决教学和学习中遇到的问题。

本书的读者预计有两类。一类是需要系统学习文化创意产品设计流程与方法的读者，这类读者可能是艺术设计相关专业的学生，或是初进设计行业的职业设计师。建议此类读者按照本书编排顺序进行系统学习，学习完每章前3节内容后，可以根据本章学习到的设计流程进行设计实践，并对照拓展案例进行对比学习。强烈建议读者使用本书进行二次学习，二次学习时可以先复习2.3节、3.3节、4.3节的关键点描述，即9个知识技能点，再结合目前进行的文化创意产品设计作业或者工作规划相应的设计流程并实施。实际应用时读者可对照本书的设计案例和流程，以加深对设计流程和方法的认识，

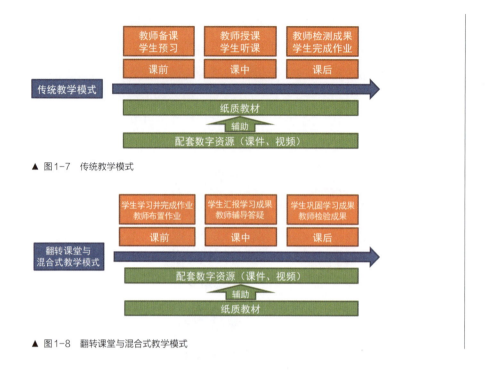

▲ 图1-7　传统教学模式

▲ 图1-8　翻转课堂与混合式教学模式

巩固学习成果。另一类是在文化创意产品设计学习或工作中有疑问，或者寻求可参考的设计案例和流程的读者。这类读者可以跳过不需要的章节，直接查看相关的章节以寻求解决办法。

02

第2章

景区文化创意产品设计

——天目湖景区文化创意产品设计

2.1 项目介绍学习目标与设计流程

2.1.1 项目介绍

　　本章我们将正式进入文化创意产品设计的学习旅程。我们首先要学习的是景区文化创意产品设计。

　　针对特定景区进行文化创意产品开发应该说是常见的一种类型。本章要解析的案例是为天目湖景区设计的一款文化创意产品——蝶恋杯子识别器，如图2-1所示。该产品的设计流程如下：先对天目湖景区情况进行网络与实地调研，对景区相关信息进行搜集和整理，再通过思维导图梳理景区特色元素并寻找合适的设计方向，并运用手绘、效果图等方式对确定的设计概念进行深化，最终呈现出符合要求的文化创意产品。本章案例解析中展示的是整个设计流程及其中一个设计方向的作品，案例拓展中则展示了其他3个设计方向的作品。

案例解析

景区文化创意产品设计——天目湖景区文化创意产品设计

▲ 图2-1　天目湖景区文化创意产品——蝶恋杯子识别器

2.1.2 学习目标

1. 知识目标

（1）了解景区文化创意产品设计的基本流程与方法。

（2）了解计算机辅助工业设计的常用软件和应用场景。

（3）理解思维导图的概念和使用方法。

2. 能力目标

（1）能够运用思维导图进行设计方向的探索。

（2）能够运用手绘方式进行设计造型表现。

（3）能够初步运用三维表现软件进行产品造型设计。

（4）能够根据确定的设计方向进行景区文化创意产品开发。

3．素质目标

（1）树立正确的艺术观和创作观。

（2）培养自觉遵守设计行业规范的职业精神。

（3）培养探索创新精神。

2.1.3　设计流程

景区文化创意产品设计流程如图2-2所示。

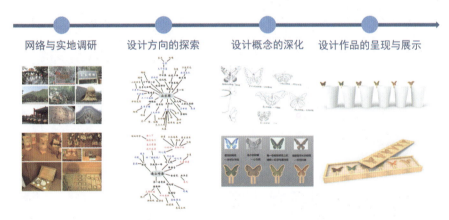

▲ 图2-2　景区文化创意产品设计流程

2.2　案例解析

2.2.1　网络与实地调研

设计团队首先要对景区相关信息进行调研，将涉及景区相关信息的图片、文字、影像等资料进行分类整理。调研方式包括网络调研与实地调研两种。

一般建议先进行网络调研，设计团队可查看景区官方网站，了解各类人文、自然景观介绍和第三方旅游平台的评价与攻略等，同时对与特定景区旅游资源相关的文化创意产品及同类景区产品的现状进行搜集整理，最后通过整理以上材料形成景区分析报告。本案例中，设计团队先通过网络搜集天目湖景区的相关资料，如图2-3所示；同时对天目湖景区的现有文化创意产品及同类型其他景区的产品进行搜集整理，如图2-4所示；最终形成天目湖景区旅游资源与文化创意产品现状报告，如图2-5所示。

▲ 图2-3 景区信息网络调研整理结果

▲ 图2-4 景区现有文化创意产品及同类型其他景区产品的网络调研整理结果

天目湖景区旅游资源与文化创意产品现状报告

▲ 图2-5　天目湖景区旅游资源与文化创意产品现状报告

　　然后设计团队根据景区分析报告所展示的整体情况设计实地调研路线，主要调研报告中提及的重点文化资源和当地文化创意产品情况。在本案例中，设计团队到南山竹海及竹文化相关展厅开展实地调研，了解文化创意产品的特色材质、工艺、创作题材以及镜湖、蝴蝶谷等自然景观，如图2-6所示。同时设计团队对当地在售文化创意产品进行调研，了解市场对旅游纪念品的需求并分析产品定位，找到市场切入点，如图2-7所示。

▲ 图2-6　景区重点文化资源实地调研

▲ 图2-7　当地在售文化创意产品调研

2.2.2　设计方向的探索

在网络与实地调研的基础上，设计团队采用思维导图的方式梳理景区特色元素并寻找合适的设计方向。在本项目中，设计团队根据天目湖景区山水园、南山竹海两大景点的调研情况绘制了两张思维导图，通过对思维导图的绘制从景区文化相关要素中得出不同可能性的设计方向。

山水园中具有代表性的景点为状元阁、太公山、奇石馆、蝴蝶谷、慈母堂、天下第一壶、报恩禅寺、绣球岛、第一坝等。每处景点又有其代表元素，例如蝴蝶谷的庄周梦蝶、文化苑的白茶等。针对这些代表元素进行提炼与再设计，可以找到对应的载体或不同符号作为依托，例如由庄周梦蝶可以想到饰品、相框等，由白茶可以想到茶具、杯垫等与茶文化相关的用品，如图2-8所示。

南山竹海中具有代表性的景点为第一老寿星、鸡鸣村、古官道、古兵营、拜寿堂、竹文苑、吴越第一峰以及各种娱乐设施等。每处景点又有其代表元素，例如吴越第一峰的福禄寿、熊猫馆的壮妹奥运等。针对这些代表元素进行提炼与再设计，可以找到对应的载体或不同符号作为依托，例如由竹元素可以想到办公用品或者居家用品等，如图2-9所示。

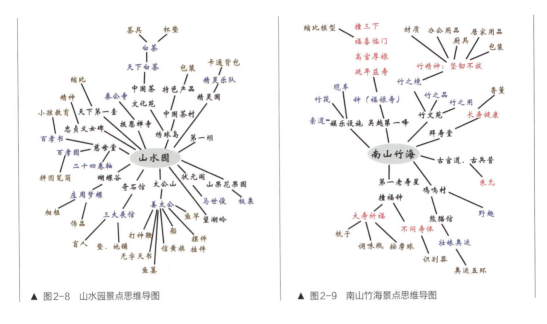

▲ 图2-8 山水园景点思维导图   ▲ 图2-9 南山竹海景点思维导图

　　利用思维导图进行梳理，设计团队可选定几个特色方向展开概念设计草图的绘制，探讨方案的可行性，如图2-10所示。

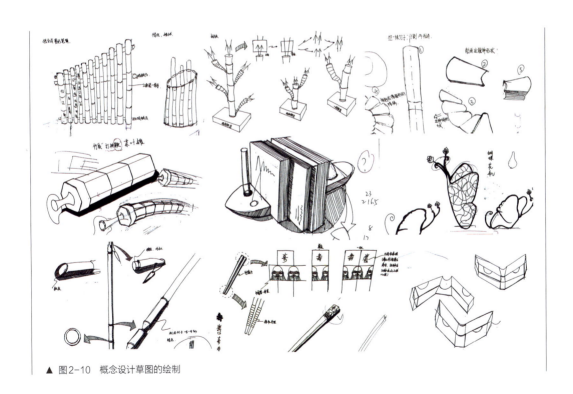

▲ 图2-10 概念设计草图的绘制

2.2.3　设计概念的深化

　　随着思考的深入，根据各个设计方向能够不断产生合适的设计概念。例如山水园中的蝴蝶谷以蝴蝶种类繁多、造型特异著称，这带给了设计团队灵感：将形态各异的蝴蝶造型进行抽象整理，形成不同的图案并运用到杯子识别器的设计上。识别器使用时像一只蝴蝶停留在杯子边缘，具有美好的意向同时采用南山竹海特有的竹材制作并配有竹制收纳盒，体现了景区文化特色，如图2-11~图2-13所示。

▲ 图2-11　概念设计草图的深入绘制（1）

▲ 图2-12　概念设计草图的深入绘制（2）

▲ 图2-13 概念设计草图的深入绘制（3）

2.2.4 设计作品的呈现与展示

    设计创意来源于天目湖山水园蝴蝶谷内造型奇特、种类繁多的蝴蝶造型。设计师将具有代表性的6种不同造型的蝴蝶进行抽象提取，做成一套杯子识别器。当把蝴蝶造型的识别器插在杯子边缘时，看起来就像一只蝴蝶停留在杯子边缘，实现了使用功能和美好意向的统一。识别器采用南山竹海特有的竹材制作并配有竹制收纳盒，方便收藏与使用，这也体现了景区的文化特点，如图2-14～图2-17所示。

▲ 图2-14 蝶恋杯子识别器设计

▲ 图2-15　6种蝴蝶造型的识别器

▲ 图2-16　蝴蝶造型识别器使用场景

▲ 图2-17　竹制收纳盒

2.3　关键点描述

关键点描述

简单的思维
导图设计创意
应用指南

2.3.1　思维导图

1. 思维导图在设计中的作用

思维导图（The Mind Map）是英国著名心理学家、教育学家东尼·博赞（Tony Buzan）发明的表达发散性思维的有效图形思维工具。这种思维工具运用发散性原理，以一个主题或问题为核心进行发散思考，将思考过程中与任务、目标有关的关系、结构、要素等联系起来，通过放射状的图形表达出来，使人们能够更容易抓住事物本质，加深对问题的认知和记忆。思维导图广泛运用于设计过程，其作为设计工具可起到以下作用。

（1）帮助设计师整体看待设计问题。思维导图可以将围绕一个主题的所有相关要素和想法用视觉方式联系起来，帮助设计师更加清晰地认识相关要素的直接结构与关系，使设计师能够全方位、整体性地思考设计问题。这样设计师在进行设计创意时就不会局限在一个狭小的范围内，也不会由于思考不全面导致设计方向失策。

（2）帮助设计师发现多个解决方案并进行比较。思维导图的发散特性使设计师能够很容易地发现多个解决问题的方案，产生更多的设计创意。这时设计师就可以在多个方案中进行横向对比，有效地识别出关键的设计点与创意，选出更优或者最优的一个或者几个方案。

（3）帮助设计师清晰地展现设计创意思路。思维导图除了可以用于设计创意前期的思考阶段，也可以用于设计创意后期的创意展示阶段。通过思维导图，设计师可以运用简洁、直观的方式，清晰地阐述与设计产品相关的内在关系，方便倾听设计方案的受众更容易地理解其创意。

2. 思维导图的绘制过程

绘制思维导图可以个人单独进行，也可以小组合作完成，但建议小组人数最多不要超过10人，如图2-18所示。设计师在绘制思维导图的过程中不要添加任何约束条件，应将大脑中的想法全部记录在思维导图里。绘制思维导图的详细步骤如下。

▲ 图2-18 思维导图的绘制

（1）将主题的名称或描述写在空白纸张的中央，并将其圈起来。

（2）针对该主题展开头脑风暴，将想法写在从中央放射出的线条上。

（3）在每条主线上继续展开头脑风暴，发散思维，将想法写在分支线上，以此类推。设计师可以用不同的颜色或者图形标注不同的层级，方便更加清晰地查看其中的脉络。

（4）研究初步绘制的思维导图，从中找出各个部分之间的关系，并提出优化的方案与思路。如果有必要，可以在此基础之上重新绘制一张新的思维导图。

3. 思维导图在产品设计中的应用实例

下面通过几个实例来讲解一下思维导图在产品设计中的应用。

第一个例子的主题是探讨"出行"类母婴产品的设计要素和设计方向，如图2-19所示。这个思维导图是由有5个成员的设计小组共同手绘完成的，方法是先使用签字笔绘制思维导图，绘制完成后使用彩色马克笔将每个层级用不同颜色区分，方便后续进行设计方向的讨论。

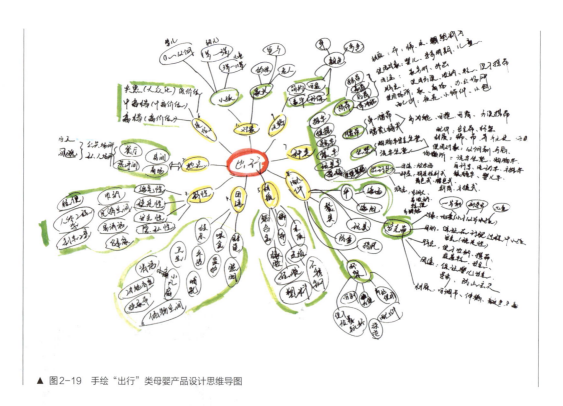

▲ 图2-19　手绘"出行"类母婴产品设计思维导图

第二个例子的主题是垃圾桶设计。设计团队通过思维导图对影响垃圾桶设计的相关要素进行梳理。这个思维导图是在手绘思维导图的基础上运用平面设计软件整理制作而成的，为了更加清晰地展示每个要素的相关内容，本图没有采用线条，而是用点表示要素，用椭圆形对同一层级的相关内容进行整理，如图2-20所示。

第三个例子的主题是老人文化创意产品设计。同样，这个思维导图是在手绘思维导图的基础上运用平面设计软件整理绘制而成的。该图用直线连接各个要素，同时采用不同颜色和大小的文字区分不同的层级，如图2-21所示。

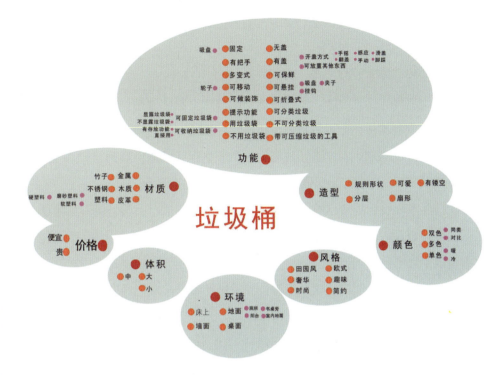

▲ 图2-20　用软件绘制的垃圾桶设计思维导图

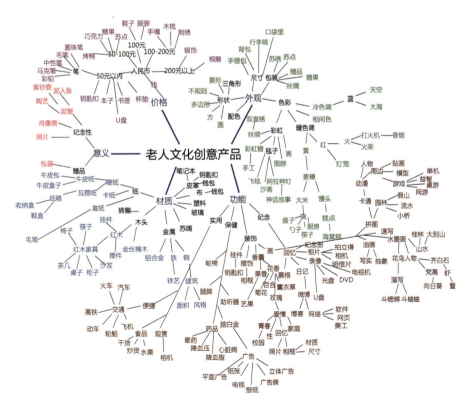

▲ 图2-21　用软件绘制的老人文化创意产品设计思维导图

2.3.2 手绘表现

关键点描述

如何手绘表达
你的设计创意？
学会这几招就
够了！

1. 手绘在设计过程中的作用

在设计行业中有"三分设计，七分表达"的说法，具体是指设计创意本身很重要，但能否完整地将其表现出来更加重要。因为设计最终要用视觉形式呈现出来。初学者往往因为视觉表达存在问题，展示出来的设计效果并不一定是自己想要表达的。手绘是一名产品设计师必备的表现技能。在设计界有这样一种现象，设计水平高的产品设计师，手绘能力都非常不错，甚至可以说"一名产品设计师的设计水平与手绘能力成正比"。手绘在产品设计过程中有以下几个方面的作用。

（1）快速进行设计方案的表现。尽管计算机辅助设计技术已经非常完备，但通过手绘进行设计方案的表现仍然是最快捷的方式之一。通过手绘，设计师可以快速绘制多套设计方案张贴在墙上或者放在桌子上进行横向对比，如图2-22所示。如果借助计算机显然会更加耗时、耗力、耗经费。

▲ 图2-22　讨论设计方案

（2）体现设计的思维推导过程。手绘的作用并非只是呈现设计方案和效果，更重要的是体现设计师在设计时的思维推导过程。通过手绘的方式，设计师可以对一个设计问题由表及里、由浅入深地进行思考。设计师可以逐渐地"清空"大脑中的设计创意，将它们呈现在纸面上，再去思考更多的可能性。如今，手绘作为最终方案的汇报和展示方式的作用已逐步被计算机辅助设计技术取代，但至少在目前的情况下，手绘仍然是体现思维推导过程的最佳手段之一，如图2-23所示。

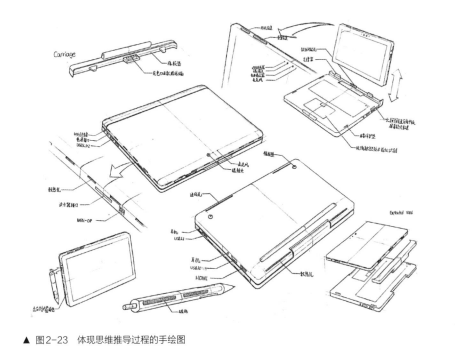

▲ 图2-23　体现思维推导过程的手绘图

（3）对产品细部进行推敲，完善方案。进行产品细节设计时，手绘也是最有效的设计手段之一。设计师运用手绘可以针对产品的细节造型、色彩搭配、功能方式的选择等方面快速创建多套解决方案并进行比较和分析，如图2-24所示。

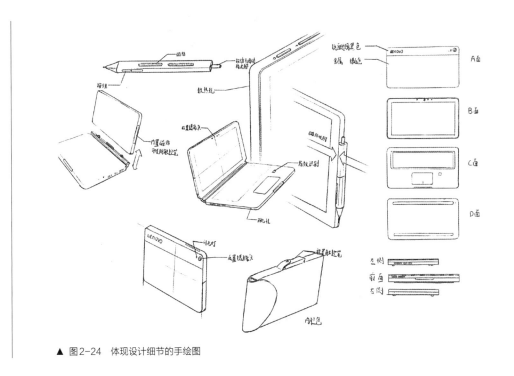

▲ 图2-24　体现设计细节的手绘图

2. 提案草图的设计要素

提案草图是设计师最常采用的草图之一，主要用于设计师内部进行设计方案的讨论与评比，作为设计概念选定的依据，有时候也可作为向客户提交的提案的辅助材料。结合在设计教学和设计实践中的经验，笔者将提案草图分解为以下5个设计要素，如图2-25所示。

（1）基本主体图。笔者把每套方案中画的产品图定义为基本主体图，这是提案草图中最重要的部分，设计师平时主要训练的也是对这部分的表现。需要特别注意的是，基本主体图的设计水平并不能在短期内提高，需要长期训练。

（2）细节图。为特别表现某些功能与造型，设计师需要对产品的某一部分进行放大处理。细节图是提案草图的必要组成部分，可以体现提案草图的丰富性，也是判断设计师设计水平的重要依据。设计师手绘水平的高低往往也可以从细节图的绘制中看出。

（3）场景/模式图。场景/模式图主要用图画、漫画、故事板来表现产品的使用方法，这部分不用占比很大，但可使设计更有说服力。

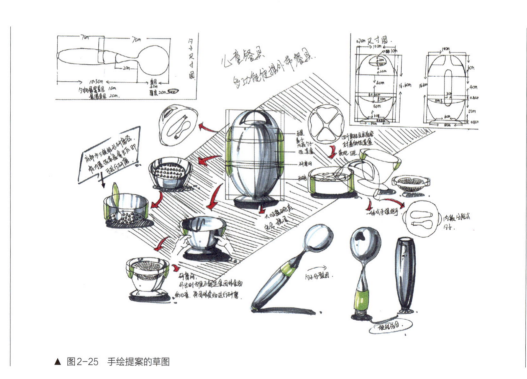

▲ 图2-25 手绘提案的草图

（4）色彩搭配。色彩搭配很重要，提案草图的色彩不要超过3种，这也是产品色彩设计的基本原则。提案草图中，需要特别突出的、能够使人印象深刻的部分多半是通过色彩展现出来的。通过使用色彩，设计师能体现出提案草图中主要和次要的部分。

（5）设计说明。设计说明的文字并不需要很多，但是必要的文字说明与注释是要有的。设计师需要在提案草图中用简洁的文字对产品适用的人群及产品的功能和创新点进行阐述。

3. 手绘表现的学习方法和步骤

对于手绘，笔者总结了以下学习方法供参考。读者可以通过手绘书籍或上网寻找符合要求的设计草图，对这些草图进行解构，掌握其中优秀的元素并将其运用到自己的设计当中，循环训练，即逐步提高自己的手绘水平，如图2-26、图2-27所示。

（1）寻找符合要求的优秀草图。最好选择设计师在设计时画的草图，因为这种草图生动鲜活，能够体现设计师的设计思路。草图的选择有几个注意事项：必须找客户能够理解的草图，也就是说要确保客户能够看懂草图中的设计创意，能够理解草图中的各种设计要素；选择自己喜欢的，使自己有学习的兴趣；绘制草图所用工具与手头的工具相符，不要选择使用没法买到或太过昂贵的工具绘制的草图。

（2）对草图进行解构。仔细分析草图，思考这个草图之所以优秀的原因。从各个角度对草图进行分析，如形态、色彩搭配、排版、指示符号等。解构草图后进行临摹，加深理解。

（3）设定一个主题，将草图中优秀的元素、方法运用到具体的设计中。这里可以采用两种方法：一是内容风格不变，换角度表达；二是选用相同风格，在不同的产品上表达。这个步骤需要反复进行。

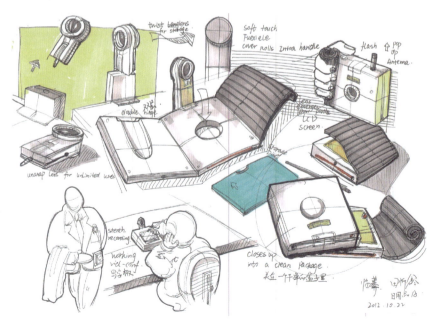

▲ 图2-26 手绘表现学习（临摹）

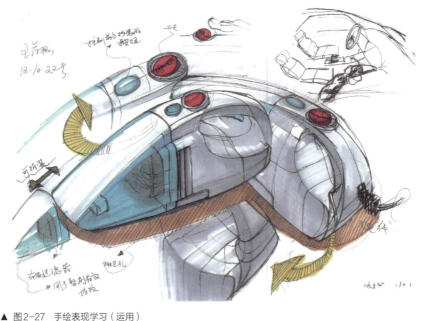

▲ 图2-27　手绘表现学习（运用）

完成以上3步，读者基本上就能掌握手绘的精髓。反复学习多位设计师的草图，并将优秀元素运用到自己的设计中，最后就会形成自己的风格。这个过程看似复杂，但如果每天坚持训练一个小时，一个月后就会看到明显的效果。

2.3.3　计算机辅助工业设计

1. 计算机辅助工业设计的作用

随着计算机图形技术的发展，计算机辅助设计已经渗入产品设计的各个阶段。无论是设计创意阶段的概念手绘、效果图表现，还是制造实现阶段的工程制图表现，都离不开软件的使用。

关键点描述

产品设计软件学习攻略（产品设计软件概况）

软件的使用使设计效率获得了极大提升，为创意实现插上了翅膀。设计师通过计算机可以很容易模拟出产品的最终结构与效果，并进行测试和比较，大大节省了时间，降低了产品开发的周期和成本。

2. 表现软件的作用与选择

目前在企业中，工业设计辅助软件广泛运用于二维表现领域和三维表现领域。下面分别介绍二维表现软件与三维表现软件在产品设计当中的作用，并对常见软件进行介绍与分析。

（1）二维表现软件的作用与选择。对于造型比较规整的产品，如通信电子类产品、家电类产品，往往可采用二维表现软件进行产品效果图的表现。常用软件分为两种，一种是矢量软件，如 Illustrator、CorelDRAW（见图2-28和图2-29）；另一种是图像处理软件，如 Photoshop（见图2-30）。矢量软件在提供精确尺寸参照方面更有优势，而图像处理软件在表现质感效果时更有优势。对于项目开发人员来说，掌握一种软件的用法就足以完成各种任务。

▲ 图2-28　Illustrator

▲ 图2-29　CorelDRAW

▲ 图2-30　Photoshop

在手绘创意阶段完成后，设计师会将手绘稿整理成三视图或六视图，并将其扫描进二维表现软件中，运用软件将其规整成 1:1 的线框图，并进行效果表现。在进行产品造型改良设计时，设计师可以将原有产品的内部结构 CAD 图导入二维表现软件，并在此基础上进行产品外观造型的尺寸规范与界定，如图 2-31 所示。

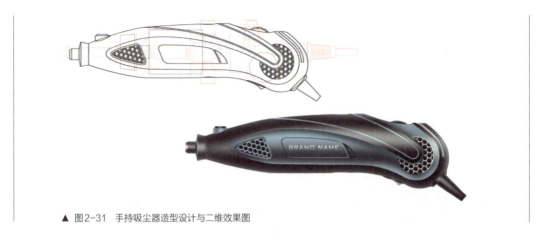

▲ 图2-31　手持吸尘器造型设计与二维效果图

二维表现软件的优势是修改造型非常快，可以方便地绘制出不同的造型供设计师推敲研究。而这样的操作如果运用三维造型与渲染软件来实现，制作时间将成倍增加，如图 2-32 所示。同时，二维表现软件的材质表现效果非常突出，甚至可以与三维效果图相媲美。对于一些造型比较规整的产品设计项目，往往二维效果图表现的就是最终的产品造型设计成稿，如图 2-33 所示，产品造型确定后，产品可直接进入工程设计阶段。

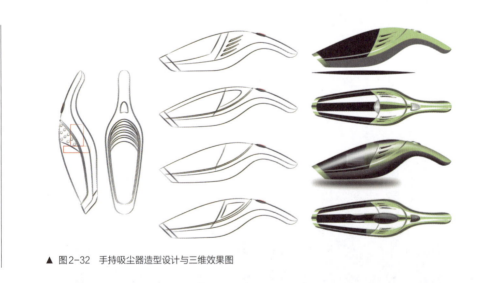

▲ 图2-32　手持吸尘器造型设计与三维效果图

（2）三维表现软件的作用与选择。三维效果表现是产品造型设计最后呈现的效果，其具有两个方面的好处。一方面，通过三维表现软件进行产品造型与效果的表现，能够将产品设计的创意以最接近实物的方式呈现出来，相比制作模型来说，时间成本和资金成本更低；另一方面，在产品结构与模具等的设计起始阶段，通过三维表现软件设计好的产品形态、尺寸、色彩、材质等都将在后续工程设计阶段得到落实与完善。

▲ 图2-33 卧室吸尘器二维效果图

三维表现软件一般分为三维设计软件和渲染软件两种。

1）三维设计软件。常见三维设计软件有两类，一类是擅长曲面设计的NUBRS曲面设计软件，常见的有Rhinoceros和Alias。Rhinoceros是目前最容易上手的NUBRS曲面设计软件之一，也是绝大多数设计师最常使用的三维设计软件之一。其曲面设计模块易于使用与操作，并且建模数据能够用于手板模型、3D打印与工程设计，所以它在设计公司与企业中广泛使用，如图2-34所示。Alias是面向工业设计师的一款全面覆盖计算机辅助工业设计的软件，最早运用于汽车行业的工业设计，目前逐渐运用于其他行业的工业设计。它提供绘制草图、建模、渲染与动画演示等各个方面的功能，如图2-35所示。

▲ 图2-34 Rhinoceros

▲ 图2-35 Alias

另一类是工程设计软件，设计师常使用的工程设计软件有PTC公司的Creo（原Pro/ENGINEER）、Dassault公司的SolidWorks和Siemens PLM Software公司的UG（Unigraphics NX），如图2-36~图2-38所示。这3款软件主要用于产品结构设计、模具设计、钣金设计、虚拟仿真等工程设计与制造领域，尤其在参数化特征建模方面功能非常强大。NUBRS曲面软件设计的数据进入工程软件时，往往会出现模型破面、数据调整等问题，设计师与工程师沟通就存在一定困难。所以，许多设计师在产品设计阶段就采用工程设计软件，避免了此类问题，使其与工程师协作得更加顺畅。

▲ 图2-36　creo parametric

▲ 图2-37　SolidWorks

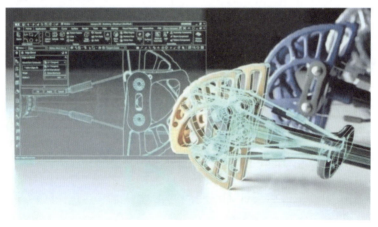

▲ 图2-38　Unigraphics NX

　　2）渲染软件。渲染软件常见的渲染软件有两类，一类是图像渲染软件，较有名的是V-Ray，可以作为插件内置于Rhinoceros，如图2-39所示。相比其他渲染器而言，V-Ray具有设置简单、渲染速度快、兼容性强和效果出众等优点。

　　另一类软件是即时渲染软件，目前使用较多的是KeyShot，这是一款互动性光纤追踪与全域光渲染软件，如图2-40所示。该软件最大的优点是无须进行复杂的设定即可产生如照片一样的真实渲染效果，目前在设计企业中广泛使用。

▲ 图2-39　V-Ray

▲ 图2-40　KeyShot

3. 软件学习的步骤与注意事项

（1）软件学习的步骤。许多设计初学者在学习软件时，常常会陷入困境：虽然看了许多软件书和视频教程，但实际设计时发现还是不能上手。学习软件的目的是看能否将想法通过软件表达出来，而不是掌握所有的命令和技术。经济学领域有一个著名的80/20法则，这个法则在软件学习方面同样适用。设计师通常掌握20%的软件功能和命令就可以解决80%的设计问题。实际上，软件学习的关键在于是否能够灵活运用并掌握20%的主要功能。至于其他命令和实现效果，设计师可根据设计实践的需要在运用时学习。

关键点描述

产品设计软件
学习攻略（软件
学习的步骤与
注意事项）

　　无论是二维表现软件还是三维表现软件的学习，实际上有许多方法都是相通的，笔者结合自身学习软件及教学方面的经验整理了软件学习"三步走"方法，具体如下。

　　1）进阶式案例学习。

　　学习材料：可以选择一套以进阶式案例讲解命令为主的教程或者图书，如果是图书，最好配有视频与源文件；再选择一套主要讲解详细命令的图书，用于命令速查。

　　学习方法：根据案例教学资源一步一步地进行软件学习，结合视频和源文件进行对比和模仿；遇到无法实现的步骤时，查阅讲解详细命令的图书寻找原因；这个阶段的学习任务主要是熟悉命令，模仿案例达到和案例一样的效果。

　　学习时间：二维表现软件1个月，三维表现软件2个月。

　　2）商业案例学习。

　　学习材料选择：选择真实商业案例的实例教程学习。选择资源的标准应符合产品设计工作的最终目标。

学习方法：侧重于掌握绘图思路，针对前几个案例，先仔细阅读绘图步骤，再进行绘图；针对后几个案例，先根据最终效果制作，再查看教程的参考步骤，检查自己的绘图思路是否正确；这时候你就会从单纯的命令学习开始进入绘图思维的学习，甚至你会发现，有时候自己构思的绘图方法比教程中的还好，实际上，条条大路通罗马，同样的效果可以用多种方式实现。

学习时间：1~2个月。

3）在设计创作中灵活运用。完成第2）步的学习后，实际上你已经掌握软件的主要命令和基本的绘图方法。这个时候要趁热打铁，逐渐形成运用软件进行设计的能力。

练习方法：运用掌握的软件，测绘身边的创意设计产品，如图2-41、图2-42所示；在后续的产品设计课程、设计竞赛或者设计项目中用掌握的软件进行设计实践，如图2-43所示。

练习时间：1~2个月。

▲ 图2-41　二维软件实物测绘绘图

▲ 图2-42　三维软件实物测绘绘图

▲ 图2-43　笔记本概念设计

通过以上3步的学习，软件就成为你自由表达设计创意的工具了。

（2）软件学习的注意事项。在学可用软件进行产品设计的过程中，有几个事项需要学习者注意。

1）软件是工具，不能替代设计本身。软件的使用已经渗入设计的全流程，有时候设计师会产生误解，以为学会软件，能够做出绚丽的效果就是一个好设计师。实际上，熟练运用软件，只能算是一个"美工"。软件和画笔一样，都是表达设计创意的工具，关键在于设计思维，设计师需具备洞察用户需求和解决问题的能力。熟练掌握软件的目的，最终还是使我们的"手"灵巧起来，能够无障碍地表达大脑中的创意。

2）软件学习贵在精，而非多。前面笔者介绍了众多软件，但实际上设计师没必要掌握这么多的软件。在设计流程当中，针对每一个环节熟练掌握一个设计软件即可。如在二维表现软件中，矢量软件掌握一个，用于绘制二维产品效果图和排版；图像处理软件掌握一个，用于效果图处理；三维设计软件和渲染软件各掌握一个，用于产品建模和渲染。

　　3）设计流畅，提高效率。这是最重要的原则。掌握和使用软件的原则是软件之间的衔接要方便，兼容性好。不同软件之间合理配置，使整个设计流程一气呵成，设计师就可以将精力用在设计上，不会疲于在不同软件之间转换和修改。

　　最后需说明的是，一般在产品设计流程中，绘制草图时会对产品的形态、功能等进行大致定义，细节和需要完善的部分会在二维表现软件中进行处理，再用三维表现软件对产品进行修订和更正。有些设计师会将设计流程中使用二维表现软件设计的部分省略掉，将产品最终效果的设计全部放在三维表现软件中进行。这样从表面上看会节省时间，实际上产品细节和需要完善的部分在三维表现软件中修改起来效率并不高，有时候反而会更费时间。在实际项目中，设计师要根据项目本身的要求、设计方案的复杂程度、时间周期等来平衡草图、二维表现软件、三维表现软件在流程中的作用。

2.4 案例拓展

案例拓展

状元活字魔方
设计

2.4.1 状元活字魔方设计

1. 主题方向定位

　　根据思维导图梳理的景区特色元素以及设计方向展开设计。天目湖山水园中的状元阁是国内唯一的以宣传状元文化为主题的建筑物。因此，结合调研素材，如图2-44所示，设计师准备以状元文化为主题，以状元文化中的核心关键词为元素设计一款普及知识的互动玩具。

▲ 图2-44　天目湖状元阁调研素材

2．设计概念确认

根据主题方向定位进行概念设计草图的绘制，如图2-45所示。这里采用状元阁内展示的"四书五经""童试秀才""乡试举人""会试贡士""殿试进士""状元及第"6个场景词语设计一款活字魔方，同时魔方可以作为印章使用，用户可通过魔方游戏和盖印文字深入体会状元文化。

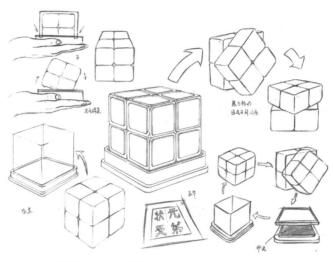

▲ 图2-45　状元活字魔方设计草图

3．设计作品展示

魔方的设计灵感来源于天目湖状元阁内所展示的状元文化内容，设计师取其中"四书五经""童试秀才""乡试举人""会试贡士""殿试进士""状元及第"6个场景词语制作成活字魔方，除用于魔方游戏外，该产品还可以作为印章使用。该产品自带印泥、小巧便携、方便使用，用户可在游戏互动中体会状元文化的内涵。设计作品展示如图2-46～图2-48所示。

▲ 图2-46　状元活字魔方设计效果图

▲ 图2-47　状元活字魔方设计包装打开效果图

▲ 图2-48 状元活字魔方使用方式展示

2.4.2 醉美竹香座设计

1. 主题方向定位

根据思维导图梳理的景区特色元素及设计方向展开设计。天目湖南山竹海景区竹林茂密、景色优美，结合竹文化博物馆调研素材，如图2-49所示，设计师准备以竹文化为主题，以南山竹海的竹为元素设计一款适合日常使用的香座。

案例拓展

醉美竹香座设计

▲ 图2-49 竹文化博物馆调研素材

2. 设计概念确认

根据主题方向定位进行概念设计草图的绘制，如图2-50所示。采用一节完整竹子作为设计元素，切割成两款香座。产品没有材料浪费，造型优美，使用方便。人们可在使用中体会竹文化的博大精深。

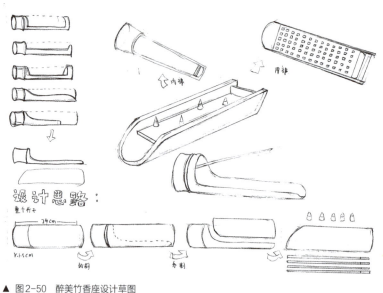

▲ 图2-50　醉美竹香座设计草图

3. 设计作品展示

　　江南竹林，古韵悠悠，置身其中，瞬间穿梭了时空，回到古朴的年代。宁可食无肉，不可居无竹，自古以来，国人视竹为友。该设计以南山竹海中的竹为元素，将一节竹子切割成两款香座：一款是插长香的香座，将长香倾斜插进去，简单，便于清洁；另一款是放宝塔香的香座，上面可放4个宝塔香，有钢片镶嵌，可将宝塔香放在钢片上使用。产品造型简洁大方，节约环保，适宜居家摆放，清理简单。设计作品展示如图2-51～图2-53所示。

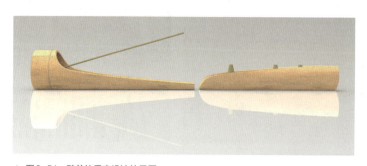

▲ 图2-51　醉美竹香座设计效果图

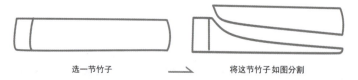

选一节竹子　　　　　　　　　　将这节竹子如图分割

▲ 图2-52　醉美竹香座形态产生示意图

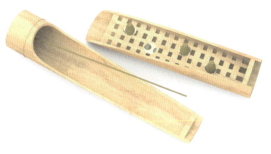

▲ 图2-53　醉美竹香座使用效果图

2.4.3　南山竹海景区周边创意产品设计

案例拓展

南山竹海景区
元素周边设计

1. 主题方向定位

根据思维导图梳理的景区特色元素及设计方向展开设计。天目湖南山竹海景区旅游资源丰富，结合景区整体旅游资源的调研素材，设计师选取8个具有代表性的景点项目设计一套具有特色文化元素的周边创意产品，如图2-54所示。

2. 设计概念确认

根据主题方向定位进行概念设计草图的绘制。设计师选取竹文化园、吴越第一峰、架空索道、静湖竹筏、南山寿翁、熊猫馆、鸡鸣村、地面缆车8个具有代表性的景点项目设计成插画并运用到景区周边创意产品的设计中，如图2-55所示。

▲ 图2-54　南山竹海景区旅游资源调研素材

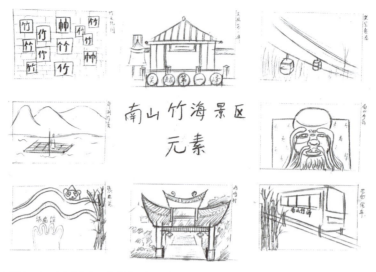

▲ 图2-55 南山竹海景区代表性景点项目插画设计草图

3．设计作品展示

　　秀美南山、壮阔竹海，南山竹海的每一处都让人流连忘返，设计师将景区8个特色景点项目设计成插画，并进一步将插画以不同形式呈现在景区周边创意产品上。这不仅体现了景区的文化特色，更能让每一位舍不得离去的游客带走让他印象最为深刻的记忆。设计作品展示如图2-56～图2-60所示。

▲ 图2-56 南山竹海秀美景区插画

▲ 图2-57　特色文化画框

▲ 图2-58　特色文化徽章

▲ 图2-59　特色文化环保袋

▲ 图2-60　特色文化茶叶盒

03

第3章

城市文化创意产品设计

——苏州城市文化创意产品设计

3.1 学习目标与流程

案例解析

城市文化创意
产品设计——
苏州城市文化
创意产品设计
（产品分析）

3.1.1 项目介绍

上一章讲了景区文化创意产品设计，介绍了针对特定景区进行文化创意产品开发的流程与方法。仅从特定景区元素进行创意是文化创意产品设计非常重要的内容，但绝不是文化创意设计的全部。进行城市文化创意产品设计时，更重要的是深入研究用户的使用需求和情感诉求，通过设计有针对性的创意产品来体现城市形象和城市文化价值。

本章将介绍的是一款具有苏州城市特色的文化创意产品——"灰白印象"系列办公用品，如图3-1所示。该产品的设计流程如下：首先从市场研究角度出发，对文化创意产品市场现有的产品进行抽样调查与形态分析；从用户研究角度出发，针对消费者进行定量的问卷调查与分析、对消费者的消费行为进行定性的深度访谈与分析；根据市场与用户的研究数据分析得出目前的文化创意产品开发原则及建议开发方向，再有针对性地进行产品开发。

本章案例中展示的是整个设计流程及其中一个设计方向的作品，案例拓展中则展示了其他3个设计方向的作品。从用户研究角度出发进行文化创意产品设计的好处在于设计师进行的不是针对具体点的设计，而是针对特定范围的系统设计。根据对用户的研究能够得出准确的用户诉求和设计方向，这为文化创意产品的设计开发提供了战略和战术两个方面的指导及建议。

▲ 图3-1　苏州城市文化创意产品——"灰白印象"系列办公用品

3.1.2　学习目标

1.　知识目标

（1）了解城市文化创意产品设计的基本流程与方法。

（2）理解市场产品抽样调查分析的方法。

（3）理解用户研究的基本方法。

2.　能力目标

（1）能够运用形态分析工具对特定选题展开形态分析。

（2）能够运用问卷法对特定选题展开定量调研与分析。

（3）能够运用深度访谈法对特定选题展开定性研究与分析。

（4）能够根据确定的设计方向进行城市文化创意产品开发。

3.　素质目标

（1）树立正确的艺术观和创作观。

（2）弘扬中华优秀传统文化与中华美育精神。

（3）提高审美水平和人文素养，增强文化自信。

3.1.3　设计流程

城市文化创意产品设计流程如图3-2所示。

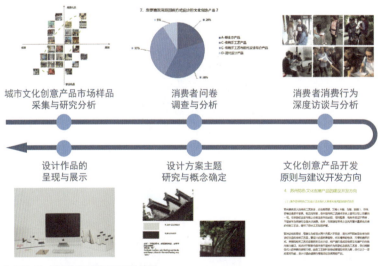

▲ 图3-2　城市文化创意产品设计流程

3.2 案例解析

3.2.1 城市文化创意产品市场样品采集与研究分析

在进行城市文化创意产品设计之前，设计师首先要对城市文化创意产品市场现状有所了解。城市文化创意产品市场样品采集与研究分析的步骤如下。

● 采集样品，可以在城市著名旅游景点等地调查与拍摄市场上现有的城市文化创意产品，并采集具有典型特征的样品带回研究。

● 多维度比较分析，对采集与拍摄的城市文化创意产品样本进行多维度比较分析，从消费者特征、功能、设计方式等方面探寻城市文化创意产品市场现状。

● 意象图分析，通过意象图的方式对现有城市文化创意产品进行分析，判断目前市场上城市文化创意产品的需求及未来市场可能的发展方向。

● 得出结论，综合分析结果，总结城市文化创意产品市场的发展现状。

下面详细介绍样品采集与研究分析的过程。

1. 采集样品

在本项目中，项目组成员从苏州选定9个著名旅游景点（拙政园、狮子林、苏州博物馆、留园、山塘街、虎丘、寒山寺、网师园、沧浪亭）作为市场调查样本来源。项目组共采集了市场上共计300个在售的文化创意产品。通过对这300个文化创意产品进行统计发现，符合苏州特色的文化创意产品有214个，约占71.33%。下面就通过对符合苏州特色的214个文化创意产品进行分析，来研究苏州文化创意产品市场的现状。

2. 多维度比较分析

项目组共从3个维度对苏州文化创意产品进行分析（见图3-3）。第一个维度是消费者特征，分别从年龄、职业、月收入、购买意图4个角度对文化创意产品进行分类；第二个维度是文化创意产品的功能，分别从装饰摆件、装饰挂件、游戏玩具、实用产品4个角度对文化创意产品进行分类研究；第三个维度是设计方式，根据传统工艺（材质）、现代设计（功能）、现代设计与传统工艺结合3个角度对文化创意产品进行分类研究。

▲ 图3-3 苏州特色文化创意产品多维度分析

（1）消费者特征分析

项目组将现有文化创意产品从消费者特征方面按照4个角度进行划分。首先是年龄角度，将文化创意产品的消费人群分成幼儿、儿童、少年、青年、中年以及老年。不同的消费人群对产品的要求不同，针对幼儿的产品应富有寓意，儿童强调趣味性，少年讲究产品的新颖、益智性，青年在乎产品的实用性与美观，中年购买产品更多注重其装饰性，而老年购买产品注重其所代表的信仰及具有的收藏价值，如表3-1所示。

表 3-1　文化创意产品分析（按年龄）

年龄 / 岁	实例					说明
幼儿 （0 ~ 3）	肚兜	长命锁	虎头鞋	香包		富有寓意
儿童 （3 ~ 7）	园林3D拼图	小钱袋	桃木剑	弹弓		趣味性
少年 （7 ~ 14）		扑克	茶具	狸猫	兵器	新颖、 益智性
青年 （14 ~ 35）	书签	海丝巾	油纸伞	手办	扇子	实用性、 美观

44

续表

年龄／岁	实例					说明
中年 （35～60）	玉器	刺绣	剪纸	核雕	绣花鞋	装饰性
老年 （60以上）	书简	玉雕	文房四宝			信仰、收藏 价值

其次是职业角度，将文化创意产品的购买对象划分成学生、产业工人、公司职员、公职人员、退休人员、企业高管6个类别。学生比较在乎价格，同时希望产品是便宜且新奇好玩的；产业工人希望产品实惠、实用；公司职员在乎产品的舒适实用性；公职人员喜欢中档产品，对美观程度有一定要求；退休人员希望产品具有一定的收藏纪念价值；企业高管对高档、有品位的产品更为热衷，如表3-2所示。

表 3-2 文化创意产品分析（按职业）

职业	实例					说明
学生	肚兜	狸猫	香包	虎头鞋	兵器	便宜、新奇、 好玩
产业工人	明信片	茶杯垫	茶壶	小挂件	苏博图苏 胸章	实惠、实用
公司职员	茶钱包	景点小册	油纸伞	包包	丝巾	舒适、 实用性
公职人员	刺绣	书签	青铜器、瓷器	风景彩盘	绣画	中档、美观
退休人员	红木雕	画扇	刺绣装饰	邮票	红木工艺	收藏纪念 价值
企业高管	木雕工艺品	苏绣单绢	棋盘	竹简酒	苏式旗袍	高档、 有品位

再次是月收入角度，将消费者分成月收入（整数）在1500～3000元、3001～5000元、5001～8000元、8001～12000元、12000元以上5个档位。收入在1500～3000元的消费者大多希望购买经济实惠、便宜有趣的产品；收入在3001～5000元的消费者更喜欢实惠、美观、实用的产品；收入在5001～8000元的消费者比较喜欢购买有当地特色、制作精美、有观赏纪念价值的产品；收入在8001～12000元的消费者喜欢

购买有文化特色和赏玩价值，相对高档的产品；收入在12000元以上的消费者更为喜欢工艺精致，有很高的收藏与观赏价值的产品，如表3-3所示。

表3-3　文化创意产品分析（按收入）

月收入/元	实例					说明
1500～3000	竹叶釜	布扇子	山塘狸猫		香锥	经济实惠、便宜有趣
3001～5000	香台	扇面	工艺梳子	明信片	葫芦丝	实惠、美观实用
5001～8000	木雕生肖	微型茶具	剪纸	箱装日历	核雕	有当地特色，制作精美，有观赏纪念价值
8001～12000	相框水杯	木雕竹简画	瓷盘摆件	彩绘瓷盘	十二生肖	有文化特色和赏玩价值，相对高档
12000以上	青铜猫	风景彩盘	双面苏绣	苏绣扇	和田玉佩	工艺精致，有很高的收藏与观赏价值

最后是购买意图角度，将文化创意产品按照家庭礼物、家庭装饰、日常用品、商务礼品进行分类。其中，家庭礼物是指将文化创意产品购买回来作为馈赠亲友的礼物，家庭装饰是指购买回来放在家里作为挂件、摆件等起到美化家居环境作用的文化创意产品，日常用品是指文化创意产品是作为具有使用价值或者装饰价值的物品买回来使用的，商务礼品是指文化创意产品是购买回来作为商务上的礼物使用的，如表3-4所示。

表3-4　文化创意产品分析（按购买意图）

购买意图	实例					
家庭礼物	葫芦木雕	木挂件	莲花瓷盘	收纳盒	挂鱼	山塘狸猫
家庭装饰	葫芦	木雕	江南企	苏绣	苏绣扇	
日常用品	核雕手链	玉石挂件	折扇	手链	书签部件	小钱包
商务礼品	玉雕	玉佩	皇家玉宝	红木雕	苏绣手绢	核雕

（2）功能分析

除了从消费者特征方面分析外，项目组还将文化创意产品从功能方面分成4个部分，分别是装饰摆件、装饰挂件、游戏玩具、实用产品。装饰摆件，顾名思义，就是起到装饰作用的陈列摆件。调查发现，苏州文化创意产品市场上作为装饰摆件的文化创意产品基本上可以按照工艺分成陶艺、瓷器、木艺、玉雕、金属、刺绣6种。苏州作为著名的传统工艺发源地，有着悠久的民间工艺历史，这方面的产品数量众多，不足为奇，如表3-5所示。

表3-5 文化创意产品装饰摆件分类

类型	实例					
陶艺	陶像	大象	小茶壶	陶老鼠	陶瓷龙鱼	陶头像
瓷器	瓷小孩	茶具	茶具	瓷盘子	茶具	
木艺	木鸭子	核雕	木雕	木船	木螃蟹	
玉雕	玉雕					
金属	兵器模型					
刺绣	刺绣画	刺绣画				

同样，作为装饰挂件的文化创意产品数量也很多，苏州文化创意产品市场上的装饰挂件可以按照工艺分成木艺、布艺、刺绣、金属、玉雕以及塑料6种。其中需要说明的是，塑料主要是比较廉价的文化创意产品，一般为金属、玉雕、木艺的仿制品，如表3-6所示。

另外，在苏州文化创意产品市场上还有大量的游戏玩具，大致可以分成卡通玩偶类玩具、缩比模型类玩具与游戏类玩具。卡通玩偶类玩具是指根据古代著名人物、民间典故、飞禽走兽等制作的玩偶玩具；缩比模型类玩具是指根据当地特色景观、著名建筑等同比例缩小尺寸制作的供游人观赏或者把玩的模型玩具；游戏类玩具是指一些具有互动特点的玩具，供单人或者多人游戏使用，如表3-7所示。

表 3-6　文化创意产品装饰挂件分类

种类	实例
木艺     	
布艺    	
刺绣     	
金属  	
玉雕    	
塑料    	

表 3-7　文化创意产品玩具分类

类型	实例	说明
卡通玩偶类玩具		   玩偶玩具，适合各类人群把玩
缩比模型类玩具		   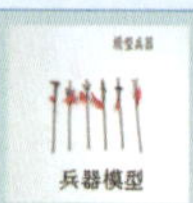 将实物缩小成模型，既适合观赏又适合把玩
游戏类玩具		   闲暇时的消遣玩具，简单易操作，适合各类人群

最后一种是实用产品，可以分成4类：第一类是饰品，包括手镯、项链、吊坠等；第二类是服装产品，主要是苏州有名的丝巾、丝绸旗袍、丝绸围巾、丝绸鞋等；第三类是办公用品，包括大量的景点明信片、笔、书签、其他文具等；第四类是常见的日用品，包括丝绸化妆盒、化妆镜、零钱盒、扇子、冰箱贴等，如表3-8所示。

表 3-8　文化创意产品实用产品分类

分类		实例	说明
饰品	装饰类		      精致大方

续表

分类		实例						说明
服装	服饰类	方巾	丝绸	肚兜	旗袍	丝巾	丝巾	既便宜又舒适
	鞋类	绣鞋	绣鞋					带有刺绣的鞋
办公	明信片	网师园明信片	苏博明信片	园林群明信片	沧浪亭明信片	拙政园明信片	留园明信片	印有景点风景
	文具	文房四宝	毛笔	线装书签	金属书签	竹叶书签		实用
日用	化妆类	化妆镜	零钱包	金陵十二钗系列梳子	化妆包	香包	梳子	传统，好看
	家居类	工艺扇	刺绣零钱包	布艺包	冰箱贴			实用，颜色大众化

（3）设计方式分析

项目组还从文化创意产品的设计方式上对苏州现有文化创意产品进行分析。目前，苏州文化创意产品市场上产品种类繁多，从设计方式角度大致可以分成3类。第一类是采用传统工艺制作的旅游创意产品。准确地说，这一类应该叫作旅游工艺品，因为这类产品是具有当地特色、严格按照传统工艺制作出来的，不仅具有纪念价值，更具有欣赏价值与收藏价值。苏州历史悠久，传统技术与工艺众多，按照工艺材质大致可以将此类产品分成木雕、丝绸、瓷器、陶器、刺绣等类型，如表3-9所示。

表3-9 传统工艺文化创意产品分类

工艺材质	实例					说明
木雕	木雕马	木雕葫芦	木雕画	挂件	扇子	装饰性、绘画性和意象性
丝绸	刺绣图	手绢	梅花图	丝质旗袍	苏绣	工整娟秀，色彩清新高雅
瓷器	地砖	茶壶	瓷勺子	镯子		色彩艳丽，装饰华美富丽

续表

工艺材质	实例				说明
陶器	大佛	陶泥娃娃	面具	陶泥老鼠	形象逼真精巧
刺绣	肚兜	钱包	香包	肚兜	做工精细

　　第二类是现代设计文化创意产品，这类产品是由掌握现代艺术设计方法的设计师根据旅游景点或城市特点，专为景区设计的文化创意产品，其价格相对低廉，一般具有一定的实用价值。根据功能不同这类文化创意产品可以分成实用、装饰、纪念3类。目前，这类文化创意产品在苏州市场上种类单一，与采用传统工艺创作的文化创意产品相比销量较低，如表3-10所示。

表3-10　现代设计文化创意产品分类

功能	实例						说明
实用	冰箱贴	扇子	书签	杯垫	扇子	书签	由木、纸制成，成本低，经济实惠
装饰	挂饰	丝巾	丝巾	丝巾			佩戴挂饰，起装饰作用
纪念	陶针	扑克	明信方	明信片	扑克	邮票	挂件与纸质纪念品，批量生产与印刷，效率高，成本低

　　第三类是现代设计与传统工艺相结合的文化创意产品，这类产品采用传统工艺材质，由设计师根据现代人的审美或者实用需求制作，根据市场现有情况可以分成日用品、随身携带品、装饰摆放用品。目前，这类产品需求量较大，但现有产品更多是用现代廉价工艺仿制的，是传统工艺品的廉价替代品，缺乏设计深度，如表3-11所示。

表3-11　现代设计与传统工艺相结合文化创意产品分类

综合	实例					说明
日用品	布包	钱袋	美人扇	手提包	荷包	实用性很强
随身携带品	古铜钱	书签	手镯	梳子镜子	挂饰	很方便、小巧

续表

综合	实例						说明
装饰摆放用品	苏梳	茶具	扇子	竹器	猪	木工木作	有一定的价值和纪念意义

3. 意向图分析

通过上述分析，读者大概知道了目前苏州文化创意产品市场的产品构成及各类文化创意产品的特点。因此，读者可采用意向图的方式对苏州市场上现有文化创意产品进行分析，以确定目前市场上对文化创意产品的需求及未来市场可能的发展方向。先以高端、低端和商务礼品、家庭礼品两组定义词绘制坐标轴（见图3-4），可以发现，大部分的文化创意产品分布在高端－商务礼品和低端－家庭礼品两个区域。对于购买文化创意产品的消费者，如果将文化创意产品作为商务礼品，其更多考虑的是相对高端的产品；如果将文化创意产品作为家庭礼品，其更多考虑的是低端的产品。

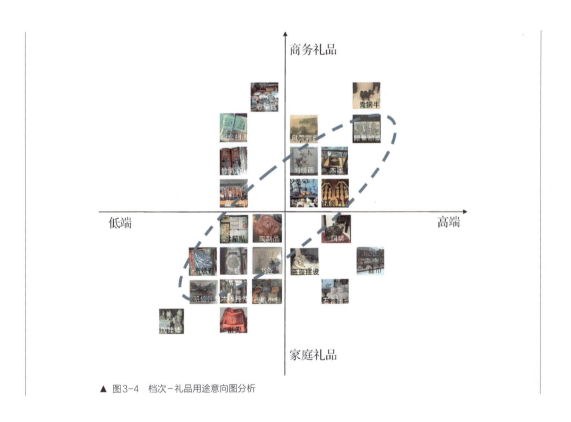

▲ 图3-4　档次－礼品用途意向图分析

再以高收入、低收入和低龄、高龄两组定义词绘制坐标轴（见图3-5）。可以发现，数量与种类最多的是高龄－低收入的文化创意产品，低龄－低收入、高龄－高收入的文化创意产品种类紧跟其后。这也可以说明，现今年龄较大、收入较低的群体出行旅游时更愿意购买文化创意产品；而景区文化创意产品市场针对年纪较小而收入较高的群体的产品较少，不能吸引他们消费。

将有关收入的定义词换作使用目的的定义词（装饰、实用）再绘制坐标轴（见图3-6）。可以发现，无论是装饰类的还是实用类的，现有的针对高龄人群的产品比较全面；而针对低龄人群，实用类的产品比较多，装饰类的产品较少。这也从另一个方面显示了目前的文化创意产品对低龄人群的吸引力不足。

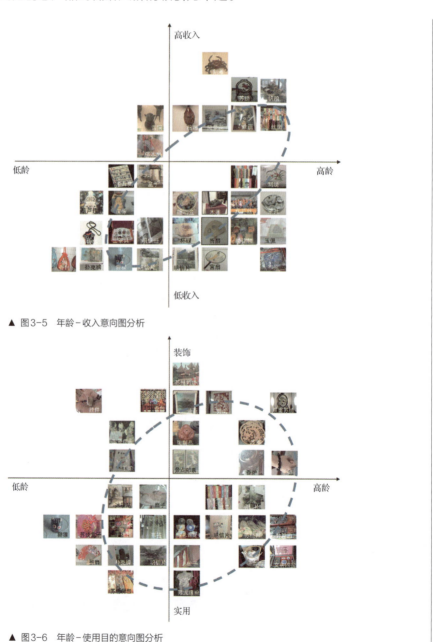

▲ 图3-5　年龄-收入意向图分析

▲ 图3-6　年龄-使用目的意向图分析

将有关年龄的定义词换作制作工艺的定义词（传统、现代）再绘制坐标轴（见图3-7）。可以发现，目前市场上大部分文化创意产品都是采用传统工艺制作或者制作成传统式样的产品，而采用现代工艺创作的产品种类明显不足，这部分市场仍有空缺。

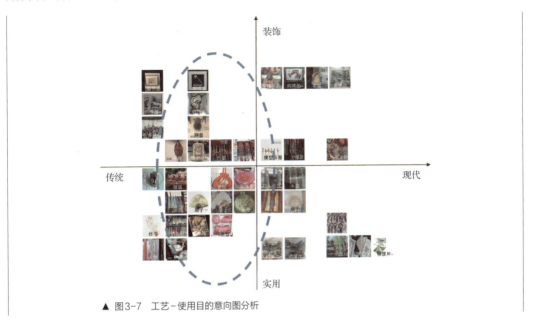

▲ 图3-7　工艺-使用目的意向图分析

将有关使用目的的定义词换作价格的定义词（便宜、昂贵）再绘制坐标轴（见图3-8）。可以发现，无论是传统工艺产品还是现代设计产品，目前文化创意产品市场中的大部分产品的价格不高。另外，昂贵的传统工艺产品也有一定的数量。而采用现代

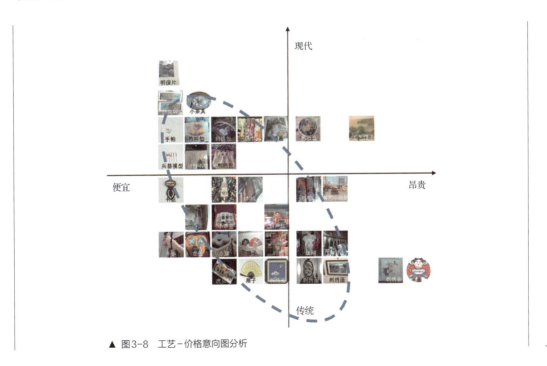

▲ 图3-8　工艺-价格意向图分析

工艺创作的高价产品不多。这一方面体现了苏州作为传统工艺名城的优势，但也显示了其在创新和开发方面的不足。

4. 得出结论

经过上面的分析，项目组将苏州文化创意产品市场的现状总结为以下几点。

（1）目前苏州文化创意产品市场总体种类齐全，发展情况良好，但仍有相当比例的产品并不能体现苏州特色或者景区特点。

（2）目前在苏州文化创意产品市场中，传统工艺类文化创意产品居多，而采用现代工艺制造的产品，或者是运用现代设计理念开发的特色工艺产品不多，创新力度不够。

（3）目前苏州文化创意产品市场中的产品更多是适合中老年及以上人群的产品，产品缺乏创新设计，对青少年人群的吸引力不足。

（4）目前高端的苏州文化创意产品更多的是传统工艺品，适合中老年消费者购买、收藏和鉴赏，对青少年人群的吸引力不大。

（5）苏州文化创意产品市场中装饰类产品数量多，种类丰富。实用类产品市场所占比重较大，但种类不多，实用类产品的开发力度不够。

3.2.2　消费者问卷调查与分析

通过上一节对苏州文化创意产品市场现有产品的分析梳理，项目组已经对目前的市场情况有了一个整体的了解。但在目前的市场情况能否满足消费者的需要，消费者更期待什么样的产品，不同类型消费者对产品的需求情况有什么特点等方面，项目组还缺乏更深入的分析。消费者是文化创意产品的购买者，对他们进行调查能够更直接地获取他们的需求，因此项目组接下来就要针对消费者展开问卷调查。文化创意产品消费者问卷调查与分析的步骤如下。

案例解析

城市文化创意产品设计——苏州城市文化创意产品设计（用户调研）

● 消费者问卷调查的设计，根据问卷调查实际需求进行题目设计，要涵盖文化创意产品设计中最关键的几个因素及消费者特征。

● 消费者问卷调查的实施，根据项目要求确定调查规模及问卷发放方式。

● 消费者问卷调查的统计与分析，统计问卷回收数据并进行针对性分析，从而为文化创意产品设计提供指导和建议。

● 得出结论，综合所有问卷统计分析结果形成整体建议，指导后续的文化创意产品开发。下面详细介绍消费者问卷调查与分析的过程。

1. 消费者问卷调查的设计

考虑到实地采访时消费者正在游玩，采访时间不宜过长（限定在3分钟以内），可以设计10道左右的题目，分别指向文化创意产品设计中最关键的几个因素：意愿、价格、意图、价值、类型、尺寸、设计理念、城市元素体现方式、特性、对现有创意产品满意程度等。通过前期研究成果，项目组将苏州文化创意产品市场现状和可能的发展方向设置在选项中，以得到消费者的反馈。此外，在人口特征部分，可以设置若干选项，如年龄、职业、文化程度、个人收入、来自地区、旅游方式等。本项目的市场调查问卷如图3-9所示。

苏州文化创意产品设计市场调查问卷

访问地点：________ 访问时间：________ 访问员：________

您好！

首先欢迎您来到苏州旅游，我们是来自苏州工艺美术职业技术学院的访问员，受苏州市委宣传部与苏州市哲学社会科学界联合会委托，我们正在进行"苏州特色文化创意产品设计市场调查与研究"项目实施工作，希望能得到您的大力支持和协助。

谢谢！

1. 您来苏州旅游，是否愿意购买文化创意产品带回家？
（单选；请在您要选择的选项前打√）
A：一定会购买
B：价格合理会购买
C：碰到喜爱的会购买
D：一定不会购买

2. 您在苏州旅游期间，愿意购买的文化创意产品单价在______？
（单选；请在您要选择的选项前打√）
A：50元以内 B：50～100元 C：101～200元 D：200元以上

3. 您购买文化创意产品的意图？
（多选；请在您要选择的选项前打√）
A：馈赠亲友 B：家庭装饰 C：日常使用 D：商务礼品

4. 您购买文化创意产品更关注哪方面的因素？
（多选；请在您要选择的选项前打√）
A：纪念价值 B：实用价值 C：收藏价值 D：观赏价值

5. 您更希望购买哪些类型的文化创意产品？
（多选；请在您要选择的选项前打√）
A：装饰摆件（摆放在桌面、搁架上的工艺品）
B：装饰挂件（挂在墙上的工艺品）
C：服装饰品（丝绸服饰、帽子、丝巾等）
D：日常用品（杯垫、扇子、钱包、手机壳等）
E：办公用品（书签、笔、便签盒等）
F：玩具（卡通玩偶、缩比模型等）

6. 您能承受的文化创意产品的最大尺寸是______？
（单选；请在您要选择的选项前打√）
A：能放在口袋里 B：能放在单肩包里 C：能放在背包里
D：能放在行李箱里 E：不考虑

7. 您更喜欢采用哪些方式设计的文化创意产品？
（多选；请在您要选择的选项前打√）
A：原生态产品 B：传统手工艺产品
C：传统手工艺与现代设计结合产品 D：现代设计产品

8. 您希望购买的文化创意产品在哪些方面体现出苏州元素？
（多选；请在您要选择的选项前打√）
A：造型 B：材质 C：工艺 D：色彩 E：寓意

9. 对于一款现代设计文化创意产品，您更希望它具备哪些特点？
（多选；请在您要选择的选项前打√）
A：纪念性 B：实用性 C：便携性 D：艺术性 E：互动性

10. 您对市场现有文化创意产品有哪些不满的地方？
（多选+补充；请在您要选择的选项前打√）
A：价格太高
B：没有地方特色
C：实用性不强
D：做工粗糙、质量差
E：不够美观
其他：________________________

- -

请讲一下自己：不留姓名！绝对保密！（请在您符合自己情况的选项前打√）

年龄：18岁以下；18～30岁；31～40岁；41～50岁；51～60岁；60岁以上；

职业：学生； 产业工人； 公司职员； 公职人员（事业单位人员、公务员）；
退休人员； 企业高管；

文化程度：中学及以下； 大专及本科； 研究生及以上；

个人收入：1500～3000元；3001～5000元；5001～8000元；8001～12000元；12000元以上

来自地区：________

旅游方式：个人自助游； 结伴自助游； 亲朋协助游； 跟旅行团游；

▲ 图3-9 苏州文化创意产品市场调查问卷

2. 消费者问卷调查的实施

实施问卷调查的地点可以选择前期调查的旅游景点，本项目选择在拙政园、狮子林、苏州博物馆、留园、山塘街、虎丘、寒山寺、网师园、沧浪亭9个景点，共发放问卷300份，回收问卷300份，统计过后共有有效问卷207份，有效率达到69%，问卷调查实施情况如图3-10所示。

3. 消费者问卷调查的统计与分析

消费者问卷调查的统计包括对人口特征和调查问题的统计，分析内容主要包括消费者选择情况及其为文化创意产品设计带来的启发。

▲ 图3-10　问卷调查实施情况

（1）人口特征统计

本次调查中，大部分受访人群为18～30岁的青年群体，其次是31～40岁、41～50岁的群体，如图3-11所示。

大部分受访人群的职业为公司职员与学生，其他依次为公职人员、产业工人、退休人员、企业高管，如图3-12所示。

大部分受访人群的学历为大专及本科，少量为中学及以下和研究生及以上，如图3-13所示。

除了学生群体没有收入之外，大部分受访人群的收入在3001～5000元，其次是5001～8000元和1500～3000元，如图3-14所示。

▲ 图3-11　受访人群年龄

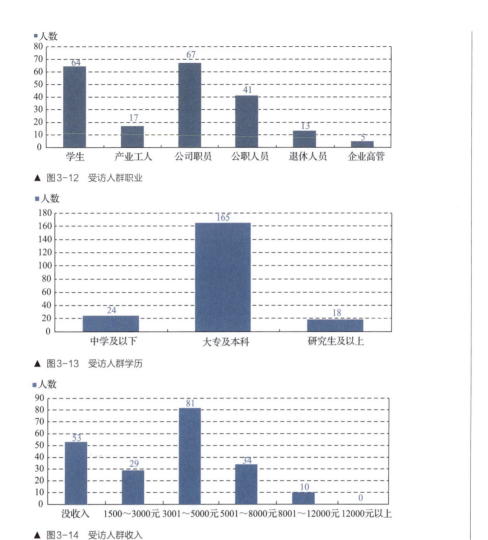

▲ 图3-12 受访人群职业

▲ 图3-13 受访人群学历

▲ 图3-14 受访人群收入

受访人群多来自华东地区，其次是华北地区，来自其他地区的受访者数量不多，基本呈均匀分布，如图3-15所示。

受访人群以个人自助游居多，其次是结伴自助游，跟旅行团游和亲朋协助游的不多，但也有一定数量，如图3-16所示。

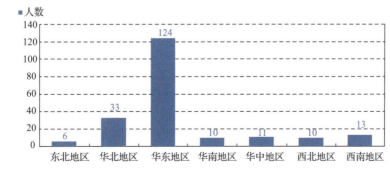

▲ 图3-15 受访人群来自地区

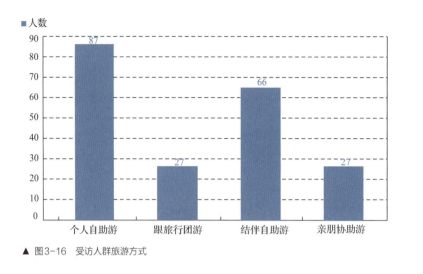

▲ 图3-16 受访人群旅游方式

（2）调查问题统计与分析

下面就对207份有效问卷进行分析，以从中发现有价值的信息。对于消费者是否有意愿购买文化创意产品，统计结果（见图3-17）显示，只有3%的消费者明确提出不会购买，而一定会购买的消费者占18%，这说明绝大部分消费者在外旅游时都有购买文化创意产品的意愿，但是养成习惯的消费者并不多。选择碰到喜爱的会购买和价格合理会购买的消费者人数分别占43%和36%，这其实给文化创意产品开发人员带来了启示：消费者是否会购买文化创意产品，关键要看产品是否价格合理、设计上乘。

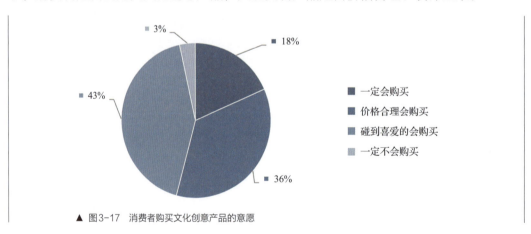

▲ 图3-17 消费者购买文化创意产品的意愿

关于消费者购买文化创意产品时可以接受的价位，41%的消费者选择50~100元，此外，选择50元以内和101~200元的消费者人数各占29%与24%，而选择200元以上的消费者只占6%，如图3-18所示。可以发现，100元以内的产品选择人数达到了70%，这说明大部分消费者接受价格适中的产品。设计人员在设计产品时要考虑价格因素，不要因为设计附加值的介入而过分提高产品售价。另外，要考虑成本因素，让人愿意购买的文化创意产品不一定要用名贵的材料制作，如何在设计、品质、材料间找到平衡才是最需要考虑的问题。

对于消费者购买文化创意产品的意图，有45%的消费者选择赠送亲友，其次有28%的消费者选择家庭装饰，20%的消费者选择日常使用，7%的消费者选择商务礼品，如图3-19所示。其中，赠送亲友和家庭装饰都和日常生活有关，这两部分占到了73%，这说明大部分消费者购买文化创意产品是为了满足日常生活需求。游玩过后，许多消费者会选择购买小礼物馈赠亲友，也会买一些用来装饰家居环境。

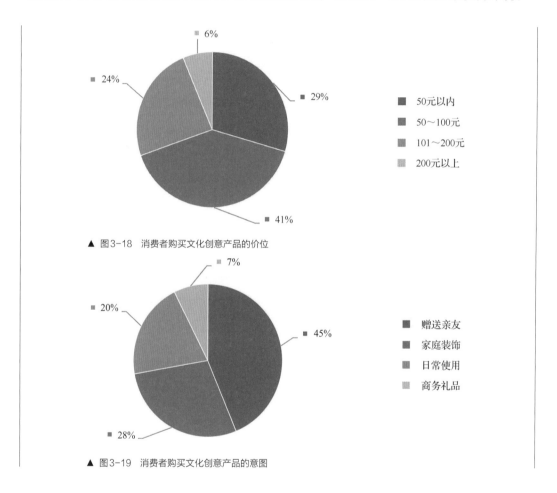

▲ 图3-18　消费者购买文化创意产品的价位

▲ 图3-19　消费者购买文化创意产品的意图

当问及消费者购买文化创意产品更在乎其是哪方面的价值时，38%的消费者选择纪念价值，23%的消费者选择观赏价值，20%的消费者选择实用价值，19%的消费者选择收藏价值，如图3-20所示。其中，选择纪念价值的人数最多，选择其他几项的人数比较平均。这说明对于消费者来说，文化创意产品的纪念价值是首要的，其次要兼顾实用、收藏和观赏价值。消费者到一个地方旅游，更希望的是能够带走一些和旅游景点有关的产品，作为对这次旅游的纪念与回顾。

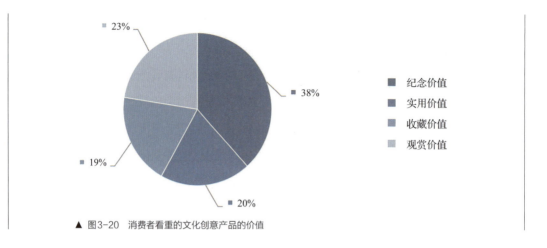

▲ 图3-20　消费者看重的文化创意产品的价值

在回答会购买哪些类型的文化创意产品时，选择装饰挂件和装饰摆件的消费者各占24%，选择服装饰品和日常用品的消费者各占16%，其次是办公用品和玩具，如图3-21所示。选择装饰用品（装饰物）的消费者共占48%，占比最大；服装饰品类文化创意产品也可以起到装饰作用（装饰人）。这说明在文化创意产品的消费方面，大部分消费者更倾向于购买具有装饰价值的文化创意产品。

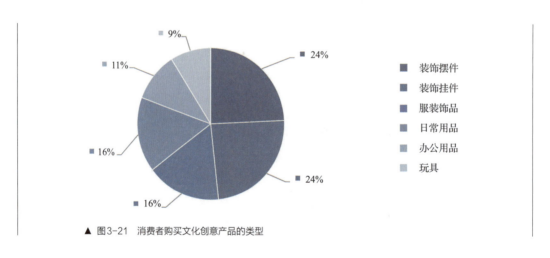

▲ 图3-21　消费者购买文化创意产品的类型

购买文化创意产品时，消费者都会考虑其便携性。当问及文化创意产品的尺寸时，消费者的答案分布相对比较平均，选择较多的是能放在单肩包里，占26%；选择最少的是能放在口袋里，占14%。这个结论与提问者的初步判断并不一致。提问者本以为，大部分消费者都会考虑便携性，选择小尺寸的消费者会很多，但实际上，人们对这个问题并不过多考虑，所以甚至有21%的消费者选择不考虑，如图3-22所示。

当被问到更喜欢以哪种方式设计的文化创意产品时，36%的消费者选择传统手工艺产品，30%的消费者选择传统手工艺与现代设计结合产品，22%选择原生态产品，只有12%选择现代设计产品，如图3-23所示。这说明传统手工艺产品仍有很大的市场，另外，传统手工艺与现代设计结合产品也比较受消费者青睐，而现代设计产品并没有受到消费者的重视。

在被问到文化创意产品采用哪种方式来体现苏州元素最能被认可时，34%的消费者选择工艺，23%的消费者选择造型，选择材质、色彩、寓意的也有一定比例，如图3-24所示。这说明来苏州旅游的消费者对苏州传统手工艺印象深刻。此外，每部分都有一定比例的消费者选择，也说明了设计师在进行文化创意产品设计时，更应该综合体现苏州元素。

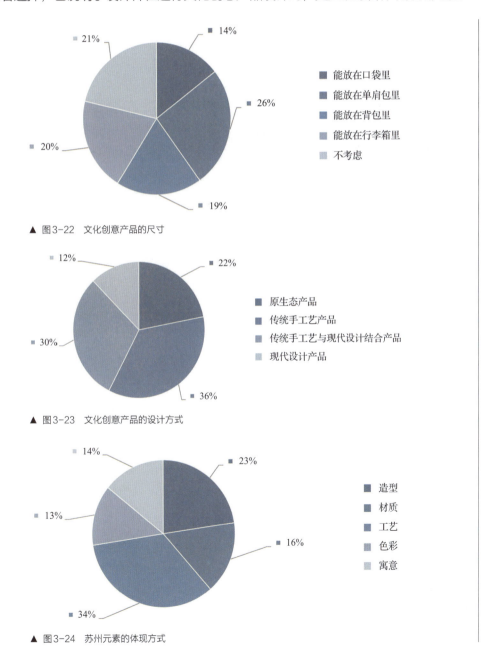

▲ 图3-22　文化创意产品的尺寸

■ 能放在口袋里
■ 能放在单肩包里
■ 能放在背包里
■ 能放在行李箱里
■ 不考虑

▲ 图3-23　文化创意产品的设计方式

■ 原生态产品
■ 传统手工艺产品
■ 传统手工艺与现代设计结合产品
■ 现代设计产品

▲ 图3-24　苏州元素的体现方式

■ 造型
■ 材质
■ 工艺
■ 色彩
■ 寓意

现代设计的文化创意产品在苏州文化创意产品市场上的规模并不大，对于消费者来说，他们期望这款产品具有怎样的特点呢？调查结果显示，34%的消费者认为纪念性最重要，28%的消费者在乎艺术性，重实用性和便携性的各占17%和16%，只有5%的消费者会考虑互动性，如图3-25所示。这一点与前几项的调查结果类似，即强调纪念价值和艺术价值的占多数，相信这也是如今消费者对文化创意产品的认识。便携、实用、互动等新的文化创意产品的设计理念，还不能被大部分消费者接受，当然这也与市场上缺少这类文化创意产品有关。

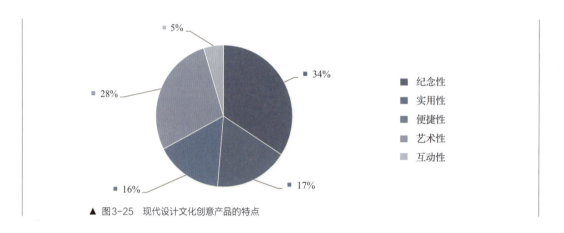

▲ 图3-25 现代设计文化创意产品的特点

除了以上问题外，最后一题为消费者认为现有文化创意产品有哪些不足。调查结果显示，反映最多的是价格太高，做工粗糙、质量差，没有地方特色3种，分别占25%、24%和23%；其次是实用性不强和不够美观，分别占17%和11%，如图3-26所示。这说明消费者希望买到具有苏州特色、价格适中、做工精美、品质优良的文化创意产品。

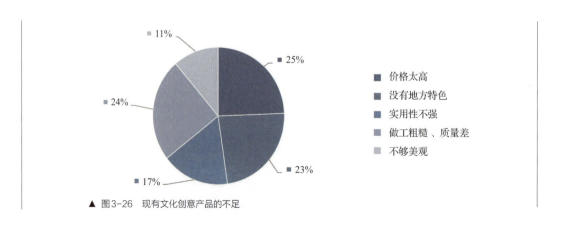

▲ 图3-26 现有文化创意产品的不足

4．得出结论

根据问卷统计分析的结果，项目组针对苏州文化创意产品可以得到如下结论。

（1）绝大部分消费者在旅行中会考虑购买文化创意产品，但要根据价格和喜好程度确定是否购买。

（2）100元以内是消费者购买文化创意产品的期望价位。

（3）多数消费者选择购买文化创意产品是为了馈赠亲友和装饰家居环境。

（4）消费者购买文化创意产品最关注的就是纪念价值，其次要兼顾实用、收藏和观赏价值。

（5）消费者不太在意文化创意产品的尺寸，基本能放在随身携带的单肩包或背包中即可。

（6）在文化创意产品市场上，传统手工艺产品和传统手工艺与现代设计结合产品会比较受消费者青睐。

（7）带有苏州元素的文化创意产品最好能结合苏州传统手工艺，并综合造型、材质、色彩和寓意等元素进行设计。

3.2.3　消费者消费行为深度访谈与分析

针对重点消费者的主观性深度访谈的主要目的是了解不同类型消费者的生活背景、旅游习惯、生活态度、对文化创意产品的观点等。重点消费者的主观性深度访谈可以很好地弥补客观性问卷调查的不足，帮助设计师发现消费者对文化创意产品的消费行为与潜在需求。文化创意产品消费者消费行为深度访谈与分析的方法如下。

● 消费者消费行为深度访谈设计，根据访谈提纲设计了解消费者的背景信息、生活状态，以及对旅游、文化创意产品消费的态度。

● 消费者消费行为深度访谈实施，根据项目要求确定访谈形式及数量并实施访谈。

● 消费者消费行为深度访谈整理分析，根据访谈提纲及素材整理情况开展分析，对文化创意产品设计提供指导和建议。

下面详细介绍消费者消费行为深度访谈与分析的过程。

1．消费者消费行为深度访谈设计

深度访谈涉及消费者的背景信息，包括年龄、性别、家庭规模、职业、教育背景、月收入、来自地区、性格、爱好、平时生活状态等；来苏州旅游的相关信息，包括和谁一起旅游、出行方式、来景点的动机、住宿情况、餐饮情况等；对文化创意产

品的相关观点，包括购买文化创意产品的要求、用途、苏州特色体现方式、对市场现有文化创意产品的满意度等；对苏州的相关印象，包括到过哪些景点、喜好以及原因等；对旅游的观点，包括对旅游的喜好、出游频率、预算、出行过程、对旅游的态度等。由于访谈时间较长，访问员和消费者能较深入地沟通与互动，针对一定的主题能够开放式地进行交谈，这样可以发现许多研究人员之前没有意识到的观点和内容。深度访谈的时间限定在20分钟左右，整个访谈过程应摄像或者录音，便于后续进行整理分析。访谈提纲如图3-27所示。

苏州文化创意产品消费行为调查访谈

访问地点：________ 访问时间：________ 访问员：________

您好！

我们是来自苏州工艺美术职业技术学院的访问员 受苏州市委宣传部与苏州市哲学社会科学界联合会委托，我们正在进行"苏州文化创意产品消费行为模型构建与需求分析"项目实施工作，希望能得到您的大力支持和协助。

谢谢！

1. 消费者背景信息（不留姓名！绝对保密！）

年龄：______ 性别：______ 家庭规模：________

职业：________ 教育背景：________

月收入：________ 来自地区：________

性格：________

爱好：________

平时生活状态：________

2. 来苏州旅游的相关信息

和谁一起旅游（独自、和家人、朋友、和同事等）________

出行方式（自驾游、公共交通等）________

来景点的动机（专程、顺道、偶遇等）________

住宿情况（青年旅馆、快捷酒店、星级酒店、借宿朋友等）________

餐饮情况（一日三餐如何解决等）________

3. 对文化创意产品的相关观点

如果购买文化创意产品的话，大概的要求是什么？请进行描述（单价、类型、尺寸、设计方式等）________

购买文化创意产品做什么用？（赠友、装饰、使用、纪念、收藏）________

希望文化创意产品如何体现苏州特色？（造型、色彩、材质、工艺、寓意，可以说得很具体）________

对市场现有文化创意产品有哪些不满的地方？（价格、特色、作用、美观等可以说得很具体）________

4. 对苏州的相关印象

对苏州的印象（可以抽象描述、可以具体描述）________

到过哪些景点？喜欢哪些，不喜欢哪些？为什么？________

5. 对旅游的观点

你喜欢旅游吗？一年出行多少次，一般去多远？去过哪些地方？预算多少？（城市周边、省内、国内、境外）________

你通常的出行方式和出行过程是怎么样的？（可以进行描述）________

旅游在你生活中的地位是什么样的？（可以进行描述）________

▲ 图3-27 苏州文化创意产品消费行为深度访谈提纲

2. 消费者消费行为深度访谈实施

此次深度访谈选定苏州的6个标志性旅游景点（拙政园、狮子林、留园、山塘街、寒山寺、平江路），在每个景点选取两位消费者作为调查对象，一共访谈12位消费者，访谈实施情况如图3-28所示。

3. 消费者消费行为深度访谈整理分析

项目组先对接受访谈的12位消费者的素材进行整理，如图3-29所示；接着将相关的调查原始记录提纲、访谈中采集的视频、照片和录音分类存放，并根据调查原始记录提纲和音频、视频整理分析相关消费者对文化创意产品的消费行为和需求，如图3-30所示。

▲ 图3-28　苏州文化创意产品消费行为深度访谈实施

▲ 图3-29　苏州文化创意产品消费行为深度访谈资料整理

▲ 图3-30　苏州文化创意产品消费行为深度访谈分析

3.2.4　文化创意产品开发原则与建议开发方向

根据城市文化创意产品市场样品采集与研究分析、消费者消费问卷调查与分析、消费者消费行为深度访谈与分析，项目组可形成相应的文化创意产品开发原则与建议开发方向，下面介绍苏州城市文化创意产品的开发原则及建议开发方向。

1．苏州城市文化创意产品的开发原则

（1）纪念性。纪念性是文化创意产品的第一属性。大多数消费者在离开旅游景点时都希望能购买一些小礼物来收藏美好经历。文化创意产品最重要的一点就是能够让

消费者看到它就想到旅行时的愉快经历。带有苏州地方特色的手工艺品、苏州历史文化人物、著名建筑景观等都可以起到这样的作用，总之文化创意产品要体现苏州的特色元素。

（2）艺术性。艺术性是文化创意产品的重要特征。在苏州元素中，无论是私家园林还是市井小巷，无论是苏绣、苏裱还是珍珠、三雕（木雕、玉雕、核雕），都具有其艺术性。但这里要注意的是，若要使文化创意产品的艺术性符合当代人的审美，设计师需要把握苏州元素的精髓与神韵并进行重新演绎，将其运用在文化创意产品上。文化创意产品本身虽具有艺术性，但是传统手工艺品并不一定合适作为文化创意产品。

（3）实用性。实用性是文化创意产品的必要因素。现代文化创意产品的设计理念中，特别强调文化创意产品的实用性。一个具有实用性的文化创意产品会延长文化创意产品的使用寿命，强化文化创意产品的纪念性与艺术性。现代文化创意产品常以办公用品、生活用品、配饰挂饰、游戏玩具作为载体，将文化特色元素与使用功能巧妙地结合起来，既能够体现当地特色，又具有使用价值，非常适合大众群体。

（4）互动性。互动性是文化创意产品的特殊属性，图3-31所示的寒山寺游戏拼图手机壳就是一款具有互动性的文化创意产品。互动性能够让文化创意产品更有吸引力，从而提高产品销量。这里谈到的互动性，通俗的解释就是文化创意产品不要只是一个静态产品，而要能够让用户参与使用，比如，有多种组合方式或多种用途；或是将历史文化信息用互动的方式传达给消费者的产品，如互动玩具、交互游戏等。

（5）便携性。便携性能提高消费者对文化创意产品的购买力，图3-32所示的留园松鼠双戏木梳就是一款具有便携性的产品。消费者旅行在外，轻便随行是最理想的状况。每个消费者都不希望购买的文化创意产品给自己的出行带来负担。小巧精致、重量轻、可插接或收缩的文化创意产品更能够吸引消费者的目光。此外，便携性还体现在文化创意产品的采购与运送的便捷上。

▲ 图3-31　寒山寺游戏拼图手机壳

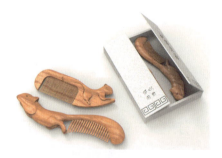

▲ 图3-32　留园松鼠双戏木梳

2. 苏州特色文化创意产品的建议开发方向

（1）基于苏州特色工艺，设计适合当代人审美与使用需求的文化创意产品。苏州具有悠久的传统工艺历史，无论是苏绣、三雕、珍珠、苏裱还是苏作家具、桃花坞年画，在中国传统工艺美术历史上都写下了浓重的一笔。文化创意产品市场上也有这些工艺品出现，但问题是有些作品过于昂贵，不适合作为文化创意产品供大众消费。此外，文化创意产品市场上还充斥着大量质低价廉的仿制工艺品，破坏了苏州工艺品的声誉。面对这样的现状，设计师应该从两个方面着手改进：首先，对于那些适合作为文化创意产品的传统手工艺产品，要设计合适的承载物，如精美的包装、方便的携带方式，并撰写相关工艺的历史文化介绍，将产品打造成传统工艺的推介窗口；其次，对于那些不适合作为文化创意产品的传统手工艺品，可根据现代人的审美与使用习惯，选取工艺材料或者提取相关元素，并赋予其一定的实用功能，设计打造出适合消费者购买、纪念、携带的产品，如图3-33所示。

（2）为苏州知名景点量身定做具有文化内涵与使用价值的文化创意产品。消费者游览某个景点时，会对景点内的一些景观、历史、传说等产生浓厚的兴趣，在游览的最后一站大多会希望购买一些文化创意产品来留存这些回忆。这就需要设计师能够为苏州知名景点量身定做具有文化内涵与使用价值的文化创意产品，而这方面的产品恰恰是目前苏州文化创意产品市场上最缺乏的。具体进行设计的方式有很多，比如，选取景点的著名景观或建筑，设计成具有一定实用价值的产品；比如，设计一些办公用品、家居生活用品，如图3-34所示；或者根据景点的历史或者民间传说，设计故事绘本，或者根据建筑的典型造型延伸出图形纹样并将其装饰在箱包、围巾、织物等物品上。

▲ 图3-33　五福祝寿杯垫

▲ 图3-34　太湖三白主题餐具

（3）深度挖掘苏州文化资源，以主题设计引导文化创意产品设计。苏州文化历史悠久而深远，除了可以从传统工艺和具体景点的结合方面考虑并开发产品，也可以以主题方式系统开发文化创意产品。比如，没有特别指向性地从苏州园林、江南水乡、苏州名人、姑苏美食等概念出发进行设计，如图3-35所示。这样设计出的产品不一定有明确的景点指向，但具有浓郁的苏州特色，适合在苏州各个旅游景点使用，具有更加广泛的应用性。

（4）针对不同消费人群差异化地进行苏州文化创意产品开发。针对不同消费人群进行差异化的文化创意产品开发非常重要，在进行苏州文化创意产品市场的调查中，项目组发现绝大部分的文化创意产品并没有明显消费层次的差异化划分。差异化可以是多种标准，如年龄、性别、收入、职业等。针对不同人群进行差异化的开发，能够更好地为特定人群设计产品，满足他们的需要，也能够通过多层次产品的推出，覆盖整个消费人群，如图3-36所示。在这里特别要提到两类人群的产品开发，一类是针对儿童的文化创意产品开发，一类是针对青年人群的文化创意产品开发。针对儿童的文化创意产品的消费者实际上是父母群体，此产品的开发强调寓教于乐，设计师可以根据苏州的典型元素将其设计成绘本、纸板书、游戏拼图、插接玩具等，在儿童玩耍的同时带给其知识。另一类是针对青年人群的文化创意产品，这类人群可能是大学生、单身青年或者结婚不久没有孩子的消费者，他们对旅游的需求很旺盛，在抽样调查中也呈现了这个现象，这类人群的消费特点是喜欢新奇、好玩的，有现代时尚气息、有一定实用功能并且价格适中的文化创意产品。

▲ 图3-35　太湖水八仙系列餐具

▲ 图3-36　普通回形针与花窗回形针对比教案

（5）将品牌整合设计思想贯穿到苏州文化创意产品的设计开发中。将苏州文化创意产品按照品牌整合设计思想进行设计，是指不要将设计局限在文化创意产品设计本身，而是要扩展到相应的包装设计、标志设计、展台设计、店面设计等方面，包括产品推广的广告、海报和展示。按照品牌整合的方式进行产品设计，能够提高文化创意产品的品牌认知度与辨识度，提升苏州文化创意产品的整体品位，增加附加值。

3.2.5　设计方案主题研究与概念确定

案例解析

城市文化创意
产品设计——
苏州城市文化
创意产品设计
（设计实现）

根据上一节确定的城市文化创意产品的开发原则与建议开发方向进行文化创意产品设计，具体包括主题方向确定、主题研究与定位、设计概念确认、设计作品的呈现与展示4个步骤。下面介绍设计方案主题研究与概念确定的具体内容。

1. 主题方向确定

结合前期设计研究所确定的苏州城市文化创意产品的开发原则和建议开发方向，设计师可深度挖掘苏州文化资源，以主题设计引导，并针对不同消费人群进行差异化苏州文化创意产品开发。设计师通过对苏式生活衣、食、住、行4个方面的一系列分析，选定从住这一方面进行设计，以苏式传统建筑的粉墙黛瓦作为设计点，以"灰与白"作为设计的主题，如图3-37所示。

▲ 图3-37　设计主题确定——"灰与白"

2. 主题研究与定位

确定了主题之后，设计师就要对"灰与白"这个主题进行分析，实地考察苏州的古巷和园林，从中提取颜色并分析，选取最合适的灰色和白色的RGB值和比例，确定适合苏州的传统建筑配色，如图3-38和图3-39所示。

通过研究，设计师准备采用"灰与白"的色彩搭配，从苏州传统建筑中提取简洁的几何元素，做一组具有收纳功能的产品，或者把一些常见的桌面办公用品模块化，以达到节省空间、保持桌面整洁的目的，相关意向如图3-40所示。

R: 204 G: 204 B: 204　　所占比例依次是14: 2: 1

R: 95 G: 204 B: 204　　R: 37 G: 35 B: 43

R: 219 G: 222 B: 213

R: 28 G: 35 B: 29

分析：下雨的苏州，感觉湿漉漉的，雨中的颜色，感觉很"新"。

▲ 图3-38　实地考察建筑并提取配色

最终确定的配色
两种颜色的RGB值与比例关系

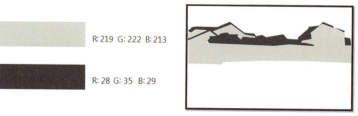

R: 219　G: 222　B: 213

R: 28　G: 35　B: 29

所占比例为 7 : 2

▲ 图3-39　确定配色关系

▲ 图3-40　意向图制作

3. 设计概念确认

　　根据设计定位进行概念设计草图绘制，如图3-41所示，设计师需从建筑房檐的造型出发，思考如何与实用性的桌面办公用品实现造型和功能上的统一。

　　设计师将设计概念不断深化，最后得出两套桌面办公用品的设计方案，如图3-42和图3-43所示。

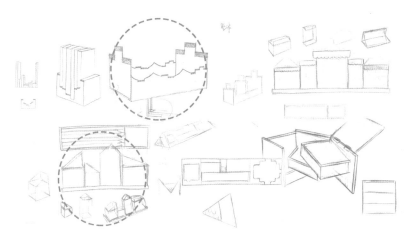

▲ 图3-41　手绘概念草图

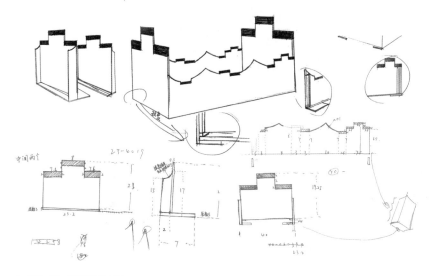

▲ 图3-42　设计方案（1）

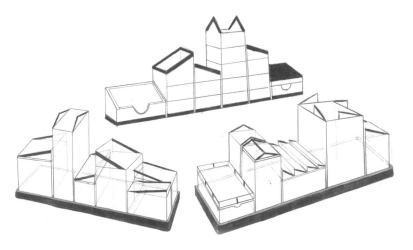

▲ 图3-43　设计方案（2）

3.2.6 设计作品的呈现与展示

这组具有收纳功能的桌面办公用品，借助了苏州传统建筑屋檐的造型特点，采用了苏式建筑"灰与白"的色彩搭配，起到了桌面收纳的作用，很好地解决了桌面不整洁的问题。在图3-44中，左边的产品一可以根据个人使用要求随机组合成不同的造型，增强了产品的趣味性和适用性；右边的产品二根据插接原理设计成桌面书架，让产品更加方便实用。两个滑动书立，可以根据书本的数量调整位置，若将其拿出，可变成单独的小书立，与大书架形成呼应（见图3-44～图3-48）。

▲ 图3-44 "灰白印象"系列办公用品

▲ 图3-45 产品一单体图

组合一　　　　　　组合二　　　　　　　　组合三　　　　　　　　组合四

▲ 图3-46 产品一组合方式图

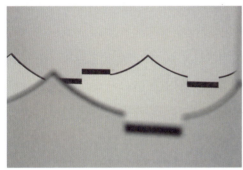

▲ 图3-47　产品二多角度图

第一步：将书架的底面
与侧面拼接

第二步：将剩下的另一
个侧面也与底面拼接

第三步：将另两块与侧
面和底面整体插接

第四步：将最后两个立
体书架放入，即可完成

▲ 图3-48　产品二拼接步骤图

3.3　关键点描述

关键点描述

做产品形态分
析，这两个方法
你一定要会！

3.3.1　形态分析

　　在确定产品形态之前，进行现有相关产品的资料收集、整理与分析，对设计出
满足要求的产品具有重要作用。搜集的资料多且全，设计师便可以对现有相关产品
的设计现状有足够的了解，对设计方向有足够的认识，这是设计出一个优秀产品的

necessarily.

必备条件。

在实际设计过程中，面对搜集的大量资料，设计师只有根据产品资料的属性对它们进行分类，并通过可视化方式（图和表格）进行表达，才能够更加容易认清产品现状，发现设计创意的机会点。常见的产品形态分析工具大致可以分成两种：一种是产品形态比较分析表，另一种是产品形态意向分析图。

1. 产品形态比较分析表

产品形态比较分析表可以根据设计方案的需求而改变，通常包括相关产品的分类、图片、特性、评价等内容。通过比较市场上现有相关产品的功能及其优劣，设计师可以在定义新产品时有一定依据。这里需要注意的是，在产品形态比较分析图中，相关分类的产品资料可能很多，在选用时，设计师应尽量只选择与设计有关并具有代表性的产品资料。对于产品优劣的分析，设计师在进行资料整理和评价时可以选择采用权威机构的评价意见，也可以与团队成员一起讨论，尽量避免主观化。

下面通过几个例子来讲解产品形态比较分析表在产品设计中的运用。

第一个例子是对容器开启装置的材质进行比较分析，设计师通过对大量产品资料进行分类，将材质分成了8个类别，为每个类别均选用了有代表性的照片作为实例，并在最后一栏结合产品调研时的试用结果、使用者访谈结果和媒体评价资料进行了概括，如表3-12所示。

表3-12　容器开启装置材质比较分析

材质	实例						说明
金属							耐用
塑料							制作简单 色彩丰富 价格低廉
硅胶							便于收纳 灵活性好
木质							天然 绿色 环保
木＋金属							更加舒适 环保

续表

材质	实例					说明
塑料+金属						便于造型 降低成本 色彩丰富
硅胶+金属						更有亲和力 色彩丰富
玻璃						使用方便 提升产品价值

第二个例子是对红酒开瓶器的打开方式进行比较分析，设计师通过对市场现有红酒开瓶器资料进行分析，将开瓶器的打开方式归纳成6个类别，每个类别均选用了有代表性的照片作为实例，并在最后一栏列举了该类产品的优缺点，相关评价来自产品试用结果、访谈结果和现有媒体资讯，如表3-13所示。

表 3-13　红酒开瓶器打开方式比较分析

打开方式	实例					说明
旋转启开						优点：省力，安全性高，商品价格差异大。 缺点：操作烦琐，体积大
旋转打开						优点：小巧，操作简单，价格低。 缺点：费力，不适合女人和儿童使用
旋转压开						优点：小巧，操作简单，较省力。 缺点：安全性较差，很难独立完成
旋转拉开						优点：小巧，操作简单。 缺点：费力，安全性差
电动开启						优点：操作简单，省力，方便。 缺点：制造成本高，要在一定条件下工作
气压开启						优点：操作简单，较省力。 缺点：价格较高，较难控制

第三个例子是对开罐器的形态结构进行比较分析，设计师通过对市场销售的开罐器产品进行分析整理，将开罐器的形态结构概括为6个类别，每个类别选用了有代表性的产品图片作为实例，并在最后一栏通过对产品试用结果、用户访谈结果和现有资料的搜集和整理概括了该类产品的优缺点，如表3-14所示。

表 3-14 开罐器形态结构比较分析

形态	实例				说明
F 形					优点：较省力。 缺点：需要固定在桌面上
T 形					优点：小巧轻便。 缺点：费力，不适合儿童使用
单臂形					优点：较省力，使用方便。 缺点：不适合儿童使用
手持形					优点：小巧轻便。 缺点：较费力
双臂形					优点：较省力。 缺点：不适合儿童使用
圆柱形					优点：电动开启，适合儿童使用。 缺点：笨重

2. 产品形态意向分析图

产品形态意向分析图是将搜集到的相关产品的图片，按特征放置在一个具有水平及垂直轴的图表上。通过分析图，设计师能够得出相关产品及竞争对手在整个市场上的分布状况。运用产品形态意向分析图的关键是定义轴两端的含义，每个轴的两端分别代表一个意义的两极，所以，往往会采用一对意思相反的形容词来定义。相关的产品图片可以遵循客观规律与原则进行摆放。设计师可以通过意向分析图锁定新产品的大致目标市场。

意向分析图的制作步骤如下。

（1）搜集市场上现有的相关产品图片，如图3-49所示。

（2）定义水平轴与垂直轴两端的含义，通常为两对代表产品属性的反义形容词。

（3）将产品图片按照水平轴定义的产品属性进行排列，如图3-50所示。

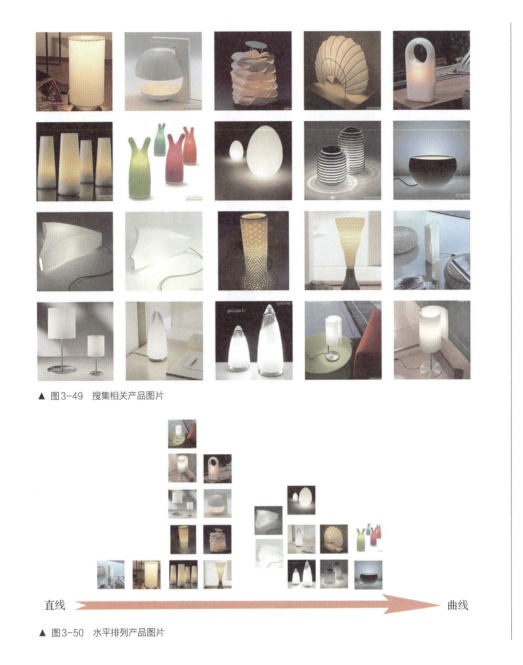

▲ 图3-49　搜集相关产品图片

直线 ➡ 曲线

▲ 图3-50　水平排列产品图片

（4）将产品图片按照垂直轴定义的产品属性进行排列，如图3-51所示。

（5）将两种属性进行叠加，生成产品形态意向分析图，并用色圈确定新产品的大致目标市场，如图3-52所示。

在这里需要注意的是，水平轴和垂直轴两端所采用的应是客观的形容词。在排列每个产品图片时，设计师应该遵循一致的评判原则，尽量保持客观。同时在对产品形态意向分析图进行分析时，设计师可以给两轴定义不同的属性，绘制多张产品形态意向分析图，以获得更有价值的判断。

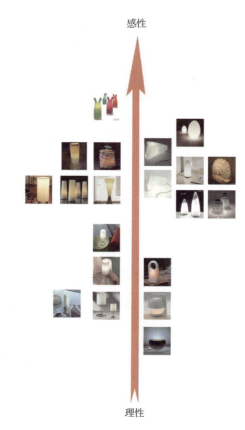

▲ 图3-51　垂直排列产品图片

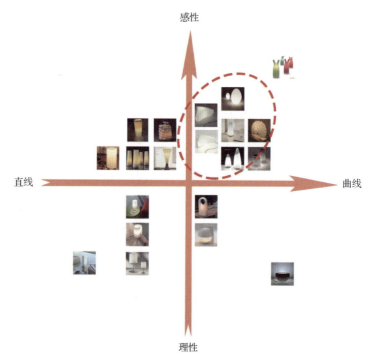

▲ 图3-52　生成产品形态意向分析图

运用意向分析图进行产品形态分析，可以将目前市场相关产品分布状态可视化，设计团队可以由此确定设计方向。需要说明的是，关于设计方向，设计团队既可以寻找并依照目前主流产品的发展方向，也可以另辟蹊径，选择有竞争产品较少的方向。至于哪个方向更好，则需要设计团队综合考虑团队设计实力、市场发展、消费行为等内部因素和外部因素，这也是在考验设计团队的眼光和勇气。

下面通过几个例子来讲解一下产品形态意向分析图在产品设计中的运用。

第一个例子是对市场文化创意产品进行比较分析，用工艺类型（传统、现代）与使用目的（实用、装饰）两组定义词绘制意向分析图。可以发现，目前市场上大部分文化创意产品都采用传统工艺或者传统式样，而采用现代工艺和设计方式的产品种类明显不足，如图3-53所示。

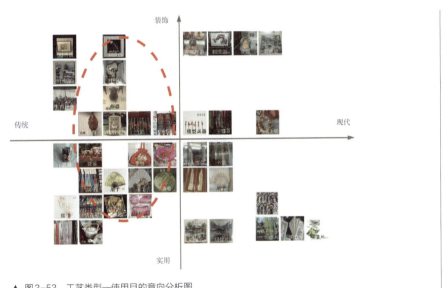

▲ 图3-53　工艺类型—使用目的意向分析图

第二个例子同样是对市场文化创意产品进行比较分析，将工艺类型的定义词换为年龄的定义词（低龄、高龄）再绘制意向分析图。可以发现，无论是装饰类的还是实用类的，市场现有的针对高龄人群的文化创意产品比较全面；而针对低龄人群，实用类的产品比较多，装饰类的产品较少。这从另一个方面说明了目前文化创意产品市场对低龄人群的吸引力不足，如图3-54所示。

第三个例子是对市场上的红酒开瓶器进行比较分析，用材质（单一材质、混合材质）与配色（单色、复色）两组定义词绘制意向分析图。目前，市场上大部分红酒开瓶器为混合材质和复色产品，通过对市场的观察和产品品质的研究，单一材质和单色产品可能更有市场潜力，如图3-55所示。

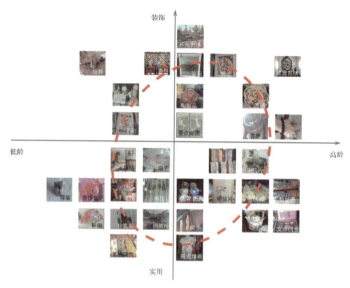

▲ 图3-54 年龄—使用目的意向分析图

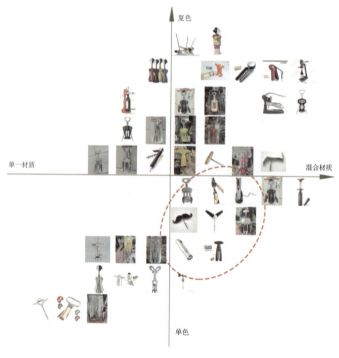

▲ 图3-55 红酒开瓶器材质—颜色意向分析图

3.3.2 问卷调查

1. 问卷调查的必要性

问卷调查是设计调查中最常见、使用面最广的调查方法之一。问卷调查是以书面形式向被调查者提出问题，并要求被调查者以书面或口头形式回答问题，从而进行资料搜集的一种方法。它可以在较大的空间范围内同时对众多的被测试者实施，能在较短的时间内搜集到大量的数据。无论是用于新产品开发设计还是现有产品的改良设计，问卷调查都可以在较短的时间和一定范围内进行大量的数据搜集，而经整理分析的数据能对产品设计起指导作用。

关键点描述

如何设计有效调查问卷并将结果运用于设计

2. 问卷调查的流程的注意事项

问卷调查实施流程包括问卷调查总体设计、调查问卷设计、问卷调查实施、问卷调查的统计与分析和调查总结，共5个部分。本节内容是对产品设计问卷调查实施过程中需要注意的事项进行阐述，对于常见问题提出行之有效的对策。

（1）问卷调查总体设计需关注设计调查与市场调查的区别。设计调查工作的开始是进行总体设计，所谓总体设计就是指对设计调查的目的、方法、对象、内容、作用等做一个整体的梳理和规划。这一部分的完成质量往往会影响设计调查的最终效果。在进行设计调查时，许多设计人员往往混淆了设计调查和市场调查，在总体设计上将设计调查变成了市场调查。事实上，设计调查与市场调查是完全不同的两种调查方式。

首先，市场调查是调查市场上已经有的产品，而设计调查是为了开发设计新产品而进行的调查，新产品在市场上不存在，所以无法在市场上进行调查。

其次，市场调查的对象是消费者，调查重点是消费者的购买动机。而设计调查的对象是用户，调查重点是用户对市场已有产品的使用动机、使用过程、使用结果，对市场已有产品的学习过程与操作是否会出错以及是如何纠正的等问题。

再次，设计调查的内容包括设计特征、产品可用性、使用过程、设计审美、生活方式、价值期待与观念、文化与传统等，这与市场调查所关注的重点有所不同。

最后，市场调查的目的是维持和开拓市场，而设计调查的目的是分析目前市场上不存在的产品，这是市场调查不可能做到的。设计调查可以通过设计师的研究，代表用户思考需求方面的问题，并通过一系列可用性测试标准和方法来完成任务，这是其他调查方式无法做到的。

（2）调查问卷设计需要将前期探讨植入调查问卷。调查问卷多用于设计调查的开始阶段。这个时候设计师根据已有资料已经初步确定了设计目标和设计方向，但由于设计师思考确定的内容受到自身阅历、经验、能力的限制，对于所确定的设计目标和设计方向能否客观地反映用户的需求、使用方式、审美等，还需要进一步探讨与测试。设计调查问卷的主要目的就是将初步确定的设计目标和设计方向植入调查问卷以进行检验。

将初步确定的设计目标和设计方向植入调查问卷较好的一种方法就是将设计方向转换成题干，将具体的设计目标转换成选项。例如，在进行户外烧烤用具的设计之前，设计师认为用木材做户外烧烤用具的手柄比较好，既能够满足隔热的需要，握感也比较舒适。但大部分用户使用的感受不一定和设计师的想法相符，所以设计师需要设计一个问题来验证自己的想法。设计师可以将户外烧烤用具手柄的材质选择问题作为题干，将木材和其他3种常见的材质，如塑料、橡胶、金属作为选项，并加上一个开放的选项"其他_____"。此问卷题目如下所示：

您认为户外烧烤用具的手柄用什么材料制作最合适？（　　　）

A．木材　　　　B．塑料　　　　C．橡胶　　　　D．金属　　　　E．其他_____

由此，在后续调查时设计师便可得知用户对木材的感受，从而为后续设计提供指导性的意见。

（3）问卷调查的实施要保证得到可靠的数据。通过合理的设置，将设计方向与设计目标植入调查问卷后，接下来的工作就是实施问卷调查，如图3-56所示。在实施问卷调查的过程中，得到可靠的数据是关键。

▲ 图3-56　问卷调查的实施

想要得到可靠的数据，我们首先需要找准调查的目标群体。我们要找的目标群体市场已有为产品的直接使用者，可以到产品的使用地点进行调查。如果是家用产品，可以采用入户调查的方式，即直接登门拜访，到用户家中进行调查；如果是商用产品，可以到相应的公司、企业进行调查。此外，也可以到所调查产品的销售地进行调查，即到销售此产品的卖场或超市进行调查。

无论在何种地点进行调查，具体实施时，一定要征得调查对象的同意，并保证对方在平和、放松的情绪下回答问题。因为只有在这样的心态下，对方才能够客观、准确地完成调查问卷。比如，在商场或超市进行调查时，最好选择购物结束的消费者，或者正在休息的消费者。

（4）调查卷的统计与分析要根据数据分析出有用结果。调查问卷的统计与分析是问卷调查的重要内容，也关系到问卷调查的成败，如图3-57所示。在调查问卷的统计环节常用的统计软件有SPSS、SAS等，此处不做过多叙述，而得出统计数据以后的分析环节，则是一个需要探讨的话题。

▲ 图3-57 问卷统计与分析

问卷调查的数据统计完毕之后，对于相同的数据，不同的设计师会得到不同的分析结果。例如在户外烧烤用具手柄的材质选择问题中，我们期待的答案是A（木材），但如果选择B（塑料）的人最多，我们就需要从不同的角度看待这个现象。我们可以认为用塑料制作户外烧烤用具手柄是以后的一个设计方向，也可以认为大部分人选择塑料，恰恰说明木材这种被人忽视的材料有更大的用武之地，能够填补之前的设计空白。

通过这个例子我们能够认识到，对于调查问卷的客观数据，不同的人能够得出不同的结果，这就更需要设计师对其认真分析，从设计角度出发，得出可行的结论。

（5）调查总结要确保得到有效的设计方向。调查总结是指将每项数据的分析结论与问卷调查开始时确定的设计方向与设计目标进行对照。这样能把设计师先前的设计考量与调查得出的用户需要进行对接，得出有效的设计方向，从而指导设计实践。

通常这样的对照会有3种结果：一是分析结论与前期设定相符，这样就验证了前期设定的可行性，设计师可以放心地进行后续的设计；二是分析结论与前期设定部分不符，这就需要设计师对设计方向和设计目标进行修订，以保证设计进展的有效性；三是分析结论与前期设定大部分不符，如果出现这种情况，有可能是问卷调查过程有误，必要时应重新进行问卷调查，也有可能是前期设定不合理，必要时需要果断终止设计进程，重新进行设计设定。

3.3.3 深度访谈

1. 深度访谈的必要性

深度访谈是由设计师与被访谈者进行的较长时间的、详细的、非结构式的会谈。深度访谈能够帮助设计师更好地理解用户对产品的需求和消费行为。虽然问卷调查也可以采用面对面的方式进行，但深度访谈的题目不是结构化的，大部分是开放式问题。深度访谈和问卷调查相比，最大的优点是通过与被访谈者的沟通，设计师更容易了解被访谈者对一件事情的真实想法，甚至通过被访谈者的语言、表情、肢体动作还可以推测出他的潜在需求与态度。

在实际用户研究中，问卷调查和深度访谈往往是结合使用的。这两种方法，一个是结构式调查，另一个是非结构式调查；一个可以在短时间内大量搜集调查数据，另一个则是在相对较长的时间内深入研究少量被访谈者；一个对实施者的要求不高，另一个对实施者有较高的能力要求。因此，通过两种方法的结合使用，设计师能更容易发现设计中的问题和用户的需求。

2. 深度访谈的流程与注意事项

（1）制定深度访谈的提纲和实施方案。深度访谈前访谈者要准备好访谈提纲，并对访谈计划、访谈时的人员分工、设备使用等做好规划和安排，如图3-58所示。一般来说，访谈提纲要涵盖所要研究的全部内容，但问题不宜超过10个，如图3-59所示。因为深度访谈对访谈者的设计研究与沟通能力要求比较高，所以访谈者要提前分析清楚每个题目的含义和要求，做好模拟访谈工作。

▲ 图3-58　深度访谈前的讨论

用户访谈提纲

提示：以下所列的内容仅是访谈中涉及的一些主题章节和问题，主持人如有必需，可以在实际的访谈过程中调整内容的前后顺序并修改问题。

预计访问时间 60～90 分钟

请准备好录音笔，并全程记录，便于后期资料整理

1.热身和访问介绍（5分钟）

- 介绍研究的目的
- 主持人自我介绍
- 研究目的与注意事项
  - 鼓励受访者畅所欲言，不存在正确或者错误的答案，鼓励受访者直接表达自己的任何想法或感想而不必有任何顾虑
  - 解释录音设备，照相；强调对用户信息的保密性
  - 请受访者关闭手机或静音
- 受访者自我介绍：姓名，职业，家庭成员，学习或工作情况
- 主持人需要在访问前，详细研究过受访者的日记，并在访谈中可以结合日记中的信息进行访问

2.了解用户的生活形态和价值观（25～40分钟）

<u>2.1 兴趣和爱好</u>

- 您平时在业余时间都有哪些兴趣爱好？
  - 主持人注意：追问时需要挖掘到用户业余休闲的具体方式，最开始是如何喜欢上这类活动的，为什么后来经常参与？有什么特别的意义？ 和谁一起？程度如何？是否有到极致，具体极致到什么程度？

[下面针对各项活动的细致提问只是举例，并不要求受访者全部作答]

比如音乐：

- 具体的类型，如古典/流行/摇滚等
- 最喜欢的歌手、歌曲是？为什么？
- 通过什么设备来听？
- 是否会参加和音乐相关的活动？如演唱会等

比如电影：

- 影片类型，动作/科幻/爱情，国产/欧美/日韩 等
- 如何选择观看什么电影？如看热映电影、看影评等
- 看电影频率？和谁一起？在哪里看？何时观看？
- 为什么喜欢看电影？

比如运动：

- 具体的运动类型，球类/极限/攀爬
- 为什么喜欢这种类型的运动？
- 频次？在哪运动（家/健身房）等
- 通常和谁一起运动

▲ 图3-59 用户访谈提纲（节选）

（2）邀请合适的访谈对象。一般来说，根据项目要求，可以选择3~8名被访谈者。为了保证访谈结论的客观性，选择的被访谈者要求是与访谈者不熟悉的人。访谈者应事先与被访谈者沟通好访谈的内容、目的和要求，避免出现由于不确定性因素无法完成访谈的情况。

（3）实施访谈。一般来说，整个访谈实施过程分成介绍、暖场、提出一般问题、提出深入问题、回顾与总结、结束和感谢几个部分。深度访谈实施情况如图3-60所

示。介绍部分需要访谈者进行自我介绍，并对此次访谈的目的、内容和时间进行说明。一般来说，深度访谈不宜超过 1 个小时。暖场部分就是访谈者和被访谈者聊一些轻松的话题，以拉近距离，减少紧张感。进入正题后，访谈者应先问一些容易回答的问题，再循序渐进地问一些深入的问题。如果访谈提纲分成几个部分，在每个部分结束的时候访谈者都要进行回顾和总结，看一下是否有遗漏。最后结束访谈和感谢被访谈者的配合。

▲ 图3-60 深度访谈实施

（4）整理访谈内容。在访谈过程中，访谈者应一边提问题、一边做好全程记录工作，包括录音、录像和做笔记。根据项目的情况，记录工作可以一个人兼顾，也可以由2～3人分工完成。访谈结束后，访谈者应做好素材整理工作，以便后续的研究分析和使用，如图3-61所示。

▲ 图3-61 深度访谈素材整理

3.4 案例拓展

3.4.1 花窗元素笔筒设计

1. 主题方向定位

结合前期设计研究所确定的苏州城市文化创意产品的开发原则和建议开发方向，设计师准备以苏州园林为主题，以园林花窗为造型元素（见图3-62）设计一款针对年轻上班族的办公笔筒。

▲ 图3-62 花窗元素调研素材

2. 设计概念确认

根据主题方向定位进行概念设计草图的绘制，设计师运用花窗元素设计一款可以插接组合的笔筒，通过对花窗中"琴""棋""书""画"元素的运用，实现造型和功能上的统一，如图3-63所示。

3. 设计作品的展示

"江南园林甲天下，苏州园林甲江南。"以苏州园林花窗展现苏州园林特色，以狮子林著名的"四雅"漏窗中的"琴""棋""书""画"元素设计一款笔筒。"四雅"漏窗汲取苏州园林特色，具有活泼、典雅的气质，充满苏州园林的韵味，融入了前人对人生的领悟，能让喧嚣的生活回归宁静。在整个产品设计中，独特、便携、实用的特征使产品更具有纪念意义。设计作品展示如图3-64所示。

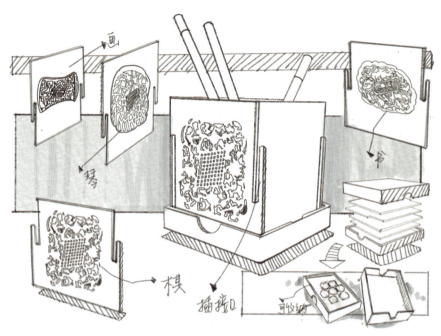

▲ 图3-63　花窗插接笔筒设计草图

▲ 图3-64　花窗插接笔筒

3.4.2　水乡元素茶具设计

1．主题方向定位

结合前期设计研究所确定的苏州城市文化创意产品的开发原则和建议开发方向，设计师准备以苏州古镇水乡为主题（见图3-65），运用"小桥、流水、船上"的意境设计一款针对青年群体的水乡元素茶具。

案例拓展

水乡元素茶具
设计

▲ 图3-65　苏州古镇水乡调研素材

2. 设计概念确认

根据主题方向定位进行概念设计草图绘制，如图3-66所示。

▲ 图3-66　水乡元素茶具设计草图

3. 设计作品展示

本套茶具以苏州古镇水乡为设计灵感，茶壶造型来源于古镇的有篷小船；3个茶杯拼在一起可以形成船的形状；茶盘造型灵感来源于河道，同时把桥的造型运用到茶盘把手上。设计作品展示如图3-67～图3-70所示。

▲ 图3-67　水乡元素茶具

▲ 图3-68　茶杯设计创意演绎

▲ 图3-69　茶壶设计创意演绎

▲ 图3-70　茶盘设计创意演绎

3.4.3 苏式糖果包装设计

1. 主题方向定位

案例拓展

苏式糖果包装
设计

结合前期设计研究所确定的苏州城市文化创意产品的开发原则和建议开发方向，设计师准备以苏式糖果为主题，以苏州园林中常见的中国传统纹样和几何造型元素设计一款针对来苏旅游人群的苏式糖果包装，如图3-71所示。

▲ 图3-71 苏式糖果包装调研素材

2. 设计概念确认

根据主题方向定位进行概念设计草图的绘制，设计师运用三棱柱造型和苏州园林中常见的中国传统纹样和镂空花纹造型进行设计，并以"分享"作为设计理念，使该包装具有收纳、使用、二次利用的功能，如图3-72所示。

▲ 图3-72 苏式糖果包装设计草图

3. 设计作品展示

每次出行人们看见的不仅是景色，还有当地美食。人们品尝美食后，也想让自己的亲朋好友品尝到这美味的食物。该设计将6种苏式糖果装在食盒里，让人可以品尝到6种不同的味道。该设计是由6个相同的三棱柱加上顶盖、底盖组合而成的。用户使用时可将盒内的东西倒入底盖并将底盖当盘子使用，同时顶盖和底盖也可合成一个食盒。该设计本身采用环保纸材，可以循环利用。设计作品展示如图3-73～图3-76所示。

▲ 图3-73　苏式糖果包装整体图

▲ 图3-74　苏式糖果包装拆分图

▲ 图3-75　苏式糖果包装使用图（1）

▲ 图3-76　苏式糖果包装使用图（2）

04

第4章

主题文化创意产品设计

——"水上江南"文化创意产品设计

4.1 学习目标与流程

案例解析

主题文化创意产品设计——"水上江南"文化创意产品设计（地域文化与生活形态调研）

4.1.1 项目介绍

上一章讲了城市文化创意产品设计，学习了针对特定城市进行文化创意产品开发的流程与方法。城市文化创意产品设计主要是通过产品设计的方式体现城市形象、传播城市价值。而本章讲述的主题文化创意产品设计面向的是日常生活用品，设计师通过深度挖掘中华传统文化中的优秀元素与内涵，提炼出主题进行生活用品的设计开发，可以让消费者在使用产品的过程中体会中华优秀传统造物文化之美，体验适合现代生活形态的中华优秀价值观与生活方式，增强文化自信。

本章要介绍的是一款以江南水乡印象为主题的文化创意产品——"水上江南"家居用品系列，如图4-1所示。该产品的设计流程如下：首先研究江南地域文化与生活形态，通过网络和实地两个方面的调研对江南的地域文化与生活形态进行分析；再研究当地文化创意产品的现状，通过网络和实地两个方面的调研分析常见设计理念、设计方式和产品类型；然后通过对核心设计理念和产品类型的界定确定人物角色与产品定义；最后根据产品定义进行方案设计与深化，并通过手板模型验证最终完成设计作品。

本章案例中展示的是"水上江南"文化创意产品的整个设计流程及其中一个设计主题的作品，案例拓展中则展示了体现江南地域文化的其他3个设计主题的作品。主题文化创意产品设计是将中华优秀传统文化融入现代生活的重要方式，也是使文化创意产品设计从小众需求推向大众消费的必要手段，更是提高人民生活品质、满足人民对美好生活向往的必经之路。

▲ 图4-1 "水上江南"家居用品系列

4.1.2 学习目标

1. 知识目标

（1）了解主题文化创意产品设计的基本流程与方法。

（2）理解中华优秀传统造物文化。

（3）理解新时代"美好生活"理论的现实意义。

2. 能力目标

（1）能够运用思维导图卡片归纳分类进行设计分析。

（2）能够基于调研数据进行人物角色的设定。

（3）能够综合运用草模和手板模型进行设计方案验证。

（4）能够根据项目要求选择合适的设计流程和方法进行主题文化创意产品设计。

3. 素质目标

（1）树立正确的艺术观和创作观。

（2）提高审美水平和人文素养，增强文化自信。

（3）弘扬中华优秀传统文化与中华美育精神。

（4）激发创新报国的家国情怀和使命担当。

4.1.3 设计流程

主题文化创意产品设计流程如图4-2所示。

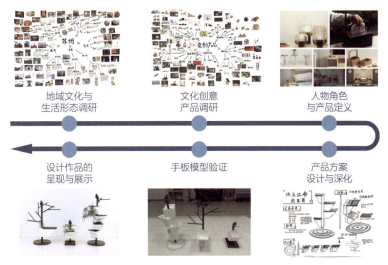

▲ 图4-2 主题文化创意产品设计流程

4.2 案例解析

4.2.1 地域文化与生活形态调研

在进行主题文化创意产品设计之前，设计师首先要对与主题有关的地域文化与生活形态进行调研，常见的调研方法包括网络调研、文献调研与实地调研。设计师在调研后结合思维导图和卡片归纳分类的方式进行梳理，则能得出可能的设计方向。

下面详细介绍地域文化与生活形态调研的过程。

1. 网络调研

本项目以江南水乡的代表——苏州为例进行网络资讯的搜集整理。网络调研的优点是短时间内可以大量搜集有关信息，能够迅速建立起对主题的整体印象，并便于后续根据素材情况寻找合适的设计方向。本案例中，设计师通过网络路径搜集整理了1238张图片及相关文字内容，并通过整理将苏州的地域文化与生活形态分为建筑、工艺、艺术、生活、历史5个部分，如图4-3所示。

▲ 图4-3　苏州的地域文化与生活形态网络调研

2. 文献调研

网络调研有信息搜集快、内容全面的优点，但网络信息往往碎片化严重，缺乏系统性，部分信息的真实性和数据的严谨性有待核实，而文献调研可以弥补以上不足。在本案例中，设计师通过查阅15部和苏州的地域文化与生活形态有关的书籍，对重要信息进行提取与整理，进一步了解了苏州的地域文化与生活形态，更好地把握了设计方向，如图4-4所示。

▲ 图4-4　苏州的地域文化与生活形态文献调研

3. 实地调研

通过网络调研和文献调研，设计师对苏州的地域文化与生活形态有了比较全面系统的认识。在开展以上两种调研的基础上，设计师可开展实地调研，以对前期调研中的兴趣点、疑惑点进行补充，从而加深认识、答疑解惑，形成理性、感性两方面的认识。在本案例中，设计师选取了狮子林、苏州工艺美术博物馆、平江路以及周边地区进行实地调研，如图4-5所示。

▲ 图4-5　苏州的地域文化与生活形态实地调研

4．思维导图和卡片归纳分类

经过以上3种路径的调研，设计师对苏州的地域文化和生活形态有了较全面深刻的认识，进一步了解了苏州多元化的生活形态和丰厚的文化底蕴。接下来，设计师需要以地域文化与生活形态为核心展开思维导图的绘制，在每条支线上辅以文字说明，选取典型的、具有代表性的图片张贴在支线上的概念文字周围。在本案例中，设计师以"苏州"二字为中心，由建筑、工艺、艺术、生活、历史5条支线展开对苏州的地域文化与生活形态的整理归纳，如图4-6所示。

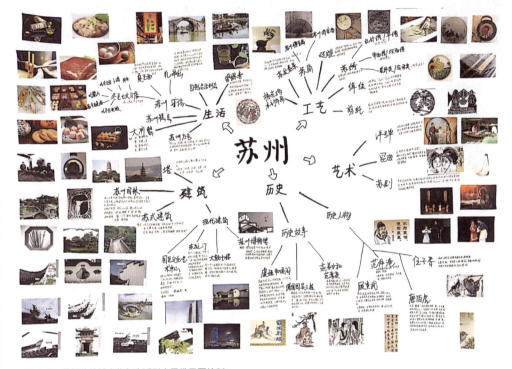

▲ 图4-6　苏州的地域文化与生活形态思维导图绘制

5. 地域文化与生活形态调研总结

经过以上对地域文化与生活形态的调研分析，设计师可得出相关主题概念词，作为后续设计的起点。在本案例中，设计师通过对苏州地域文化与生活形态的调研分析，拟从生活、艺术两个方面初步确定主题概念词为"雅致灵韵"。

雅，即高雅，高尚；致，即情趣。雅致，即人品高尚，情趣深远。雅致一词出自南朝宋刘义庆的《世说新语·文学》："'訏谟定命，远猷辰告。'谓此句偏有雅人深致。"用于赞赏《诗经·大雅》的作者有深刻的见解。灵，即灵活的，灵性的；韵，本意指舒服也可以是一种境界，进一步称作道。灵韵，指不用平常的感觉器官而能使精神互相交通，亦称远隔知觉，或指无意识中突然兴起的神妙能力。"雅致灵韵"意味着产品的外形是端庄典雅的，内涵是深远的、舒服的、有韵味的，如图4-7所示。

▲ 图4-7　苏州的地域文化与生活形态主题意向

4.2.2　文化创意产品调研

接下来，为了寻找到合适的文化创意产品创作方式和类型，设计师需要对现有文化创意产品进行调研，常见的调研方法同样包括网络调研、文献调研与实地调研。调研结束后，设计师同样需要结合思维导图和卡片归纳分类的方式进行梳理，得出合适的创作方式和产品类型。

下面详细介绍文化创意产品调研的过程。

1. 网络调研

通过网络调研文化创意产品的方式有很多，如使用搜索引擎便可以发现大量产品图片。但在这里要说明的是，为了完成产品设计，这里做的调研不是简单的图片搜集，而是要对优秀产品进行分析，在搜集图片的同时还要对相关产品的设计理念、功能和材料信息进行整理。设计师在搜集产品信息的时候要先确认一下产品是处于概念设计阶段还是已有真实销售数据，只有有真实销售数据的文化创意产品才会对设计研发产生价值。

设计师可以通过以下3个途径搜索：知名文化创意品牌网站、网购平台的文化创意产品栏目、众筹平台的文化创意产品板块。通过以上3个途径，设计师除了可以找到高质量的产品实物图片，还可以找到产品设计的详细信息，以为后续设计提供参考。同时，各大设计网站和公众号的文化创意产品设计文章也是可以参考的。在本案例中，设计师通过网络搜集整理了1781张图片及相关文字内容，如图4-8所示。

案例解析

主题文化创意产品设计——"水上江南"文化创意产品设计（文化创意产品调研）

1. 知名文化创意品牌网站

Cuneiform 契意坊　FRANZ 法蓝瓷　monogram 墨格

TALES 神话言　wooderful life　贝林自然世界

泡泡马特　掌生谷粒

2. 网购平台的文化创意产品栏目

大英博物馆旗舰店　故宫博物院文创旗舰店　苏州博物馆旗舰店

家居雅物　美妆饰品　萌趣手办

3C数码　办公文房　创意美食

3. 众筹平台的文化创意产品板块

数码产品　玩具摆件　文具

服饰　家居　美食

美妆　数码产品　玩具摆件

▲ 图4-8　文化创意产品网络调研

2. 文献调研

通过查找阅读文化创意产品设计相关文献，设计师可以学习整理典型设计案例和创意方法，同时可为网络调研搜集的产品图片找到合适的归类方法并进行分析。在本案例中，设计师通过对8部与文化创意产品设计有关的书籍进行查阅，对重要案例、创意方法进行提取与整理，进一步加深了对文化创意产品设计的认识，为后续定义产品、设计产品奠定了基础，如图4-9所示。

3. 实地调研

通过网络调研和文献调研，设计师对文化创意产品有了比较全面系统的认识。在开展以上两种调研的基础上，设计师开展实地调研可以真实体验市场上产品的实物效果，对前期调研中感兴趣的产品创意、用户反馈进行实地调查，同时补充线上没有的产品素材，全面掌握文化创意产品设计现状。在本案例中，设计师选取了山塘街、钟书阁、苏州中心、诚品书店以及周边地区进行实地调研考察，通过了解目前文化创意产品分类情况确定了后续设计的大致方向，如图4-10所示。

▲ 图4-9　文化创意产品文献调研

▲ 图4-10　文化创意产品实地调研

4. 思维导图和卡片归纳分类

经过以上3种途径的调研，设计师对文化创意产品有了较全面深刻的认识，对可使用的文化创意产品设计方法和类型也有所准备。接下来，设计师需要以文化创意产品为核心展开思维导图的绘制，对每条支线辅以文字说明，选取典型的、具有代表性的产品图片贴在支线上的概念文字周围。在本案例中，设计师以"文化产品"4个字为中心，以家居用品、办公文具、服装饰品、数码产品、创意美食5个方面进行归纳整理，使调研内容更加清晰，便于直观发现设计方向及灵感，如图4-11所示。

▲ 图4-11 文化创意产品调研思维导图

5. 文化创意产品调研总结

经过以上对文化创意产品的调研分析，设计师可以确定产品设计类型及后续的设计方向。在本案例中，设计师通过对文化创意产品的调研分析，确定产品设计类型为家居用品、办公文具类产品。因为这两类产品在生活性和文化性方面的可塑性更强，同时兼具实用性和美观性，如图4-12所示。

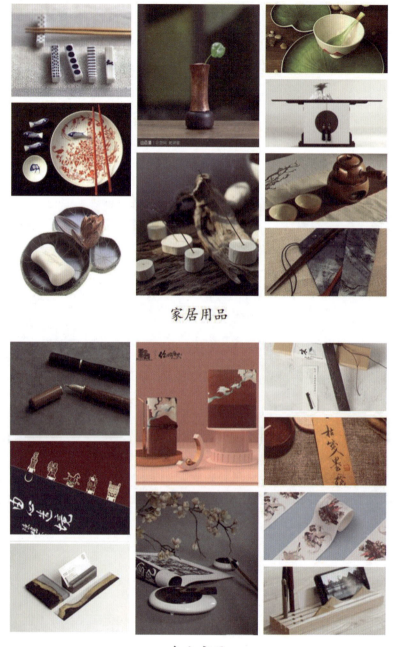

家居用品

办公文具

▲ 图4-12　文化创意产品设计类型确定

4.2.3　人物角色与产品定义

通过对地域文化与生活形态调研所得出的设计主题、文化创意产品调研所得出的产品设计类型进行综合分析，设计师可确定具有可行性的设计方向；设定该产品的人群定位，确定人物角色并进行生活形态分析，设定合理的使用场景；明确定义该产品的设计意向，从造型、功能、材质、使用环境等方面对产品进行明确定义，为后续的设计创作提供指导。

下面详细介绍人物角色与产品定义的过程。

1．主题分析

主题分析是指结合确定的设计主题和产品设计类型，通过列举典型设计元素和相关现有产品图片的方式进行设计方向的思考，对多个设计方向进行比较分析，最后确定初步设计方向。在本案例中，设计师根据已确定的设计主题"雅致灵韵"、已确定的产品设计类型家居用品和办公文具，用文字和图片的方式列举了9个设计方向，如图4-13所示。设计师与团队成员通过初步讨论筛选出4个设计方向做进一步深化，通过对比评估，最终确定了设计餐具，如图4-14所示。确定设计方向后，设计师对该产品进行了初步定义，如图4-15所示。

案例解析

主题文化创意产品设计——"水上江南"文化创意产品设计（产品定义与设计深化）

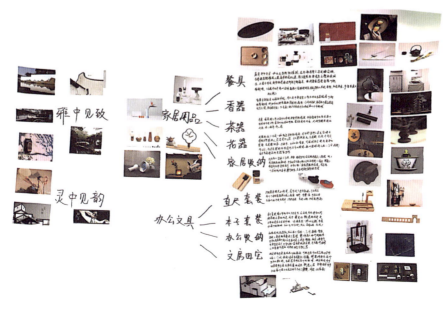

▲ 图4-13　设计方向列举

茶器： 用泡茶喝茶来体现消费者的高雅情趣。打破传统的茶具形象，外观上更偏向于灵动，创意。从外观上可以让消费者直观地看到苏州的韵味内涵。除此之外，也可以在泡茶的工序上加以巧妙创新，让消费者觉得茶具内有乾坤。

✗ 市面上有很多，且制作水平较高，而且平时对喝茶了解不多，制作比较偏向工艺。

花器和香器结合： 花器和香器本身都可以表现消费者的高雅情趣，两者结合就更能突出其雅致，从而在外观上用简单的苏州元素造型去表现苏州的灵韵即可。

✗ 结合本身很有创新，但是外形功能上的设计比较局限。

餐具： 吃饭本身很有烟火气息，如果将苏州的雅致放进餐具中，就别有一番韵味。外观上从雅致、自然出发，设计出简洁的、舒服的产品，让消费者感受到产品营造出的雅致灵韵的苏州生活情调。

✓ 本身比较感兴趣，另外餐具的范围比较大，且市面上餐具的文创系列不多，且将烟火气息变成雅致灵韵本身可以创造出很多设计点。

办公收纳： 将苏州的雅致，文人雅士赏花、观竹、听雨的情趣融入沉闷的办公场所中，设计出令人有舒服的、乱中一抹清新等感觉的产品。

✗ 市面上文创收纳产品较多，如果设计不当则会变得累赘。

▲ 图4-14　设计方向深化与评估

▲ 图4-15　产品意向图初步定义

2. 人物角色生活形态分析

根据前期调研以及确定的设计主题和产品设计类型，设计师需要设定典型人物角色模型并对其生活形态进行分析，为定义设计意向做好准备。在本案例中，设计师将典型人物设定为35～40岁的中年女性上班族。这类人物经济独立、有一定的消费能力、对生活品质有追求、注重仪式感；平时比较忙碌，往往一直埋身于工作和照顾家庭中，内心深处很渴望享受生活，然而生活和家庭的束缚使她们往往很少真正地享受生活，如图4-16所示。所以"在繁忙的生活中找到一丝闲暇时光"成了她们的强烈需求。她们需要的是简洁、方便、舒服的产品，适合其在工作或者休息时用来放松休闲。

通过对人物角色及其生活形态的分析，设计师将餐具的设计进一步明确到干果盒上，使用传统木材（相思木、竹木、榉木等）或者塑料将"雅致灵韵"的感觉（简单、纯净、自然、舒服）通过别致的造型表现出来，让人在使用过程中感受到舒心、惬意，觉得闲暇时吃些干果是一件美好的事情，并且从中感受到产品营造出的苏州生活情调。

▲ 图4-16　人物角色及其形态分析

3. 设计意向分析

产品初步定义和人物角色定位明确后，设计师需要进一步深入分析产品的环境、人群、感受、功能、颜色，以及材质的设计意向，并绘制设计意向板，以直观地呈现产品需要体现的感觉。在本案例中，手绘的设计意向板如图4-17所示，确定的产品意向分析如图4-18～图4-21所示。

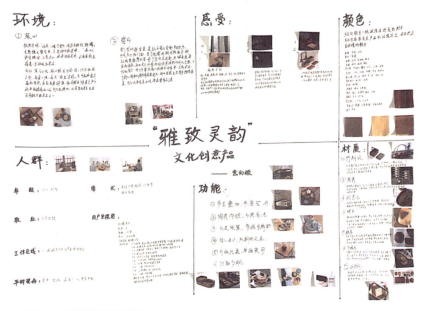

▲ 图4-17　手绘的设计意向板

▲ 图4-18　产品意向分析（1）

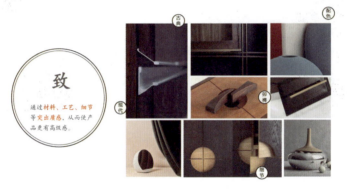

▲ 图4-19　产品意向分析（2）

▲ 图4-20　产品意向分析（3）

▲ 图4-21　产品意向分析（4）

4.2.4 产品方案设计与深化

产品意向确定后便开始进行创意表达，设计师需先通过手绘方式进行形态头脑风暴，尽可能多地绘制形态概念草图，再从中寻找到合适的设计方向进行设计深化，逐步形成最终提案草图。最终提案草图的三维表现并不只是把方案用三维表现软件表现出来，而是通过三维表达的方式不断深入论证方案，最终形成设计提案。

下面详细介绍产品方案设计与深化的步骤和方法。

1. 形态头脑风暴

设计师应根据产品意向进行形态头脑风暴，绘制大量符合主题定位的形态概念草图，在积累足够数量的草图后再根据设计定位进行讨论，选定具有进一步设计可能的草图。本案例的形态概念草图如图4-22所示。

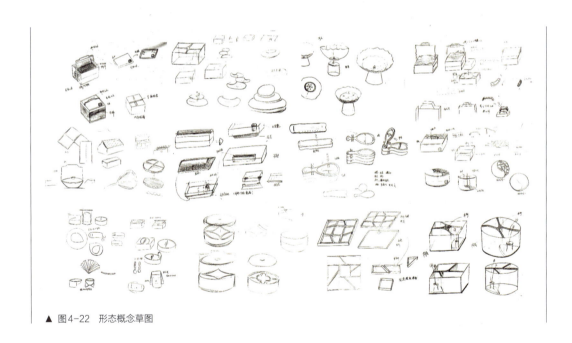

▲ 图4-22 形态概念草图

2. 设计方案手绘表现

在对形态概念草图进行筛选并对相关设计方向进行深化时，设计师需要边绘制草图边结合前期调研的优秀设计作品研究产品形态、功能和设计主题之间如何吻合，制作工艺是否具有可行性等。在本案例中，设计师通过形态概念草图进一步深化了干果盒产品定位：造型设计需要简洁，具有灵动、轻柔的感觉，在结构上具有组合、拆卸、旋转等特征，具有分格、防尘等功能并方便储存。最终，设计师明确了"水上江南"这一概念，以体现江南水乡等功能依水筑房，屋檐层叠错落的独特景色，如图4-23所示。产品通过中轴的旋转来还原江南水乡建筑屋檐的层叠错落感，使用者将中轴旋转到不同角度会有不同的视觉感受，如图4-24所示。同时产品和江南水乡建筑的粉墙黛瓦实现了巧妙结合：粉墙和产品的分格相融合，黛瓦和产品的格盖相融合，如图4-25所示。

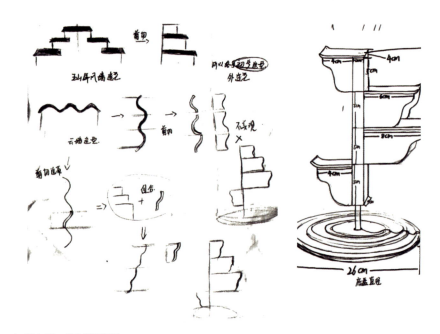

▲ 图4-23　概念设计草图

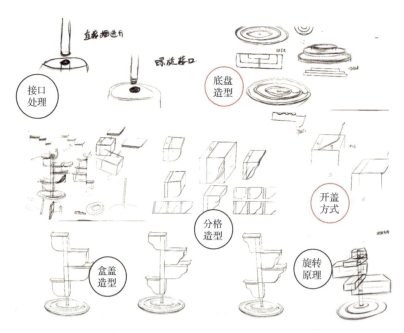

▲ 图4-24　产品功能草图

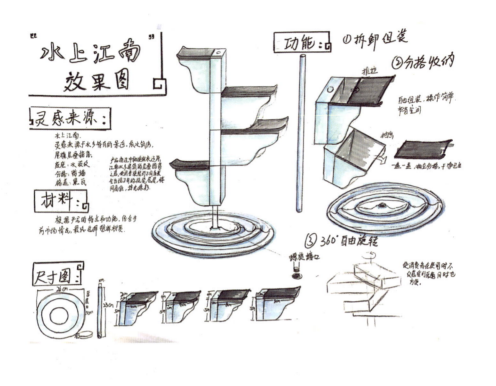

▲ 图4-25　最终提案草图

3. 三维表现与方案论证

　　最终提案草图确定后，设计师需要在三维表现软件中建立产品形态的模型，并在建模过程中继续不断推敲、优化产品的形态、功能、材质表现等，使之更加符合设计主题。

　　在本案例中，产品分格造型需要通过三维表现软件建模后进行比较。设计师结合产品使用的便捷性、美观性以及盛放量的综合考虑，选取了两款相对简洁美观的造型并继续进行整体建模，通过对建模效果的进一步比较分析，最终选择第二套造型，如图4-26所示。

▲ 图4-26　产品分格造型选择

从装配快捷程度和美观角度考虑，设计师对底座和中轴的接口进行进一步优化，将旋钮式接口改为在底部设置凹槽，并配对旋钮，这样不仅可以固定中轴，还能使中轴有更强的承重能力，如图4-27所示。

▲ 图4-27　产品底部接口细化设计

初步建模后可以从中看出，产品上方比较空，不够美观。通过调研同类产品可发现，这种多层果盘上方都会有一个类似把手的装置，方便提取产品。于是结合苏州当地的文化特色，设计师选取了树枝和鸟的造型置于顶部。鸟儿栖息在树枝、屋檐上，将江南水乡自然的生活意境表现出来。通过顶部设计方案调整，设计师提升了整体造型美感，还增添了把手，方便用户提取，此外选取了喜鹊的造型，"喜鹊枝头叫"也有美好的寓意，如图4-28所示。

市场同类产品

苏州当地景象

▲ 图4-28　产品顶部细节设计

在对干果盒进行设计的同时，进一步研究产品系列设计的可能性，形成了由干果盒、首饰架、桌面收纳盒3个产品组成的一套收纳文化创意产品，如图4-29所示。同时，因为收纳分格部分的大小一致，产品支柱以及底座接口也一致，所以该系列产品还支持用户按照自己的喜好拆分组合使用，如图4-30～图4-32所示。

▲ 图4-29　系列化产品效果图

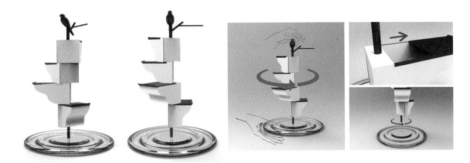

▲ 图4-30　干果盒产品效果图

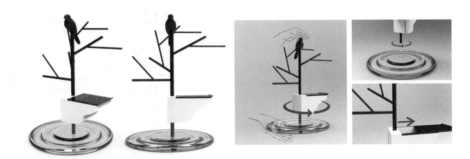

▲ 图4-31　首饰架产品效果图

▲ 图4-32　桌面收纳盒产品效果图

4.2.5　手板模型验证

设计完成后，设计师需通过手板模型验证该设计是否与产品定义相符，产品的形态、功能、材质、效果是否与预想一致。手板模型制作一般分为加工文件整理、前期分析与拆图、CNC编程与加工、后期表面处理、喷涂与组装5个步骤。下面介绍手板模型制作流程。

案例解析

主题文化创意产品设计——"水上江南"文化创意产品设计（模型验证与作品展示）

1. 加工文件整理

在进行模型加工之前要进行加工文档的整理，交给手板加工厂的文件包括三维文件、产品尺寸图（六视图）、CMF图示文件等，如图4-33所示。

CMF图示文件　　　　产品尺寸图　　　　三维文件.stp

▲ 图4-33　加工文件

2. 前期分析与拆图

工程师使用工程软件将模型与加工单逐一核对，根据CNC加工的特点及加工材料的厚度进行前期分析与拆图，如图4-34所示。

▲ 图4-34　前期分析与拆图

3. CNC编程与加工

工程师使用编程软件对CNC加工工艺进行编程，如图4-35所示；将编写好的程序输入CNC加工中心进行数控加工，如图4-36所示。

▲ 图4-35　CNC编程

▲ 图4-36　CNC加工

4. 后期表面处理

CNC 加工结束后将加工件取下，清理加工毛刺，使用砂纸将加工的刀路去除并打磨。模型初步打磨结束后，将表面处理效果相同的加工件进行初步组装。检查加工件表面上的坏点，及时进行修补。然后使用砂纸打磨表面，直至加工件表面满足最后的喷涂要求，如图4-37所示。

▲ 图4-37　表面处理后的加工件

5. 喷涂与组装

这一步是手板模型创作的最后一步，也是最为重要的一步，所有手板模型表面的喷涂、丝网印效果都将通过这一步实现。根据PANTONE色号进行颜色的调制，根据CMF图示文件所标注的表面处理效果进行喷涂，最后将产品的各个部件一一进行组装。喷涂完成后的部件及组装后的效果如图4-38和图4-39所示。

▲ 图4-38　喷涂完成后的零件

▲ 图4-39　组装后的效果

4.2.6　设计作品的呈现与展示

本产品的设计灵感来源于江南水乡的生活意象——粉墙黛瓦、溪流涟漪、喜鹊登枝。将粉墙黛瓦转化成收纳容器，溪流涟漪转化成产品底座，树枝转化成中轴和支架，喜鹊转化成产品把手，从而形成一系列收纳产品。此产品适用于追求品质生活的上班族使用，使他们能在繁忙的生活中拥有一丝闲暇。产品通过中轴的旋转来还原江南水乡建筑屋檐的层叠错落之美，使用者将中轴旋转到不同角度会有不同的视觉感受，增加了产品的趣味性。由于收纳容器、中轴支架以及底座接口尺寸一致，该系列产品的各部分可以拆分并重新组合，以在不同生活场景中使用，增强了产品的适用性。设计作品展示如图4-40~图4-45所示。

▲ 图4-40 "水上江南"文化创意家居用品系列

▲ 图4-41 干果盒使用场景图

▲ 图4-42 干果盒调整示意图

▲ 图4-43 首饰架使用场景图

▲ 图4-44 首饰架调整示意图

▲ 图4-45 桌面收纳盒使用场景图

4.3 关键点描述

4.3.1 卡片归纳分类

1. 卡片归纳分类在设计中的作用

卡片归纳分类是以卡片作为载体来帮助人们做思维显现、整理、交流的一种方法，广泛运用于设计行业中创造思维的激发、用户信息的整理分析阶段。卡片归纳分类是一种具有参与性的设计方法，无论是在实体产品设计还是信息化设计中都可以运用这种方法。卡片归纳分类可以协助设计师理清思路，更好地了解产品，对产品进行有效的分类和定义。

根据是否预先确定好分类的类别，卡片归纳分类可分成以下两种。

（1）开放式卡片归纳分类

开放式卡片归纳分类是指设计团队成员根据拿到的卡片进行研究分析，将其归纳成若干个典型类别。

（2）封闭式卡片归纳分类

封闭式卡片归纳分类是指设计团队成员根据确定的类别对拿到的卡片进行归纳分类。

无论哪种方法，在具体的设计流程中，都可以帮助设计师理解用户、分析用户需求、提炼出典型解决方案并运用到设计中。

2. 卡片归纳分类的使用流程

卡片归纳分类的实施场景如图4-46所示，使用流程如下。

（1）确定卡片归纳分类的目的。卡片归纳分类用于解决设计中的实际问题，设计师首先要确定卡片归纳分类的目的是什么，是整理调研材料还是寻找创意灵感，是发现用户需求还是对设计创意分类。

（2）根据目的选择合适的卡片归纳分类方式。根据是否提前准备好分类标准来确定是采用开放式卡片归纳分类还是封闭式卡片归纳分类。

（3）准备信息内容，完成卡片制作。需要分类的信息可以是文字、图片，也可以是简要的草图。卡片制作对纸张的要求不高，可使用方形的便笺纸，也可以用卡纸，一般不超过手掌大小。

（4）确定卡片归纳分类活动成员。卡片归纳分类根据项目需要，可以个人进行，也可以小组完成，可以作为设计团队内部活动，也可以邀请典型用户一起参与。参与人数根据项目需要来定，但3~5人为宜，最多不要超过10人。

（5）实施卡片归纳分类并记录数据。实施过程中，各成员要畅所欲言，充分讨论，表达自己的想法，组织者可以事先准备一些笔和空白卡片，方便讨论时使用。如有条件，可以全程录音或者摄像，方便后续分析。

（6）分析整理相关数据。各成员将归纳后的数据进行整理，可采用数据表、信息图或者意向分析图等方式进行展示。

（7）将通过卡片归纳分类所得到的数据运用于设计项目中。根据数据分析表、信息图或者意向分析图进行设计创意实施或者深化设计创意，并将卡片归纳分类的结论作为后续方案评价的标准。

▲ 图4-46　卡片归纳分类的实施场景

3. 卡片归纳分类在产品设计中的应用案例

下面通过大学生笔记本电脑设计的案例来讲解一下卡片归纳分类在产品设计中的运用。

（1）机会点信息卡片制作

在卡片归纳分类前，项目团队已根据大学生笔记本电脑使用情况调研确定了人物角色定位，编写了典型人物故事脚本，设定了该学生一周的日常生活习惯。项目团队根据典型人物故事脚本组织讨论，分析每一个场景下设计的机会点。每个机会点用文字、简要的示意图记录在卡片上，如图4-47所示。

▲ 图4-47 机会点信息卡制作

（2）归纳整理机会点，得出设计方向

项目团队针对卡片所显示的设计的机会点展开讨论，分析该机会点可能对应的产品或者功能；将所有机会点进行归纳整合，得出8个大学生笔记本电脑及其配件的设计方向，如图4-48所示。

8个大学生笔记本电脑及其配件的设计方向

第一个：　　　　　　　　第二个：　　　　　　　　第三个：　　　　　　　　第四个：

屏幕大尺寸、强调功能齐全性　拥有高性能，同时方便携带　重视游戏体验功能　　方便携带、移动使用

第五个：　　　　　　　　第六个：　　　　　　　　第七个：　　　　　　　　第八个：

续航、重用户体验　　　分享、性能　　　　专业需求、高拓展性　　　便携、投影分享

▲ 图4-48 8个大学生笔记本电脑及其配件的设计方向

（3）对设计方向进行聚焦形成提案

项目团队进一步进行研讨分析，根据目标人物的具体需求，分析这8个方向的可行性，最终选择3个大学生笔记本电脑及其配件的设计方向并进行功能设定，如图4-49所示；根据这3个设计方向形成提案，如图4-50所示。

3个大学生笔记本电脑及其配件的设计方向

拥有高性能，同时方便携带

13寸便携变形本，屏幕在需要的时候可和键盘结合起来，需外出携带时，屏幕与键盘分离后可作为平板电脑携带外出。

方便便携、移动使用

11寸便携变形本，在处理日常任务时候是笔记本电脑形态，在需要方便外出时，屏幕可与键盘分离，屏幕作为平板电脑单独携带外出。

便携、投影分享

11寸便携超极本，自带投影功能，在需要分享屏幕时候可以随时开启投影功能，不受屏幕限制，实时分享屏幕。

▲ 图4-49　3个大学生笔记本电脑及其配件的设计方向

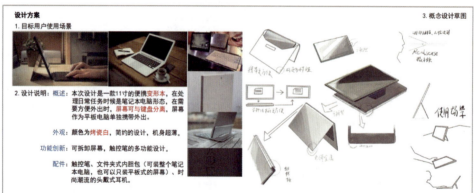

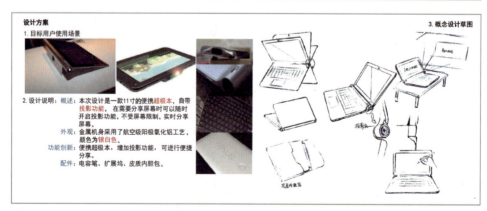

▲ 图4-50　3个设计方向形成的提案

4.3.2　人物角色分析

关键点描述

如何利用人物
角色法分析用户
需求

1.　人物角色分析的目的

　　人物角色分析是研究典型消费者所常用的分析工具。人物角色分析是指从调研和采访的所有用户中综合提炼出一个或多个角色模型，获得一个或多个典型的用户形象，并将所有相关需求与其联系起来，帮助设计师将"目标—用户—任务"关联起来。建立人物角色是以用户为中心的设计（User Centered Design，UCD）中的一个重要环节，是对用户研究中获得的用户资料的一个回溯与重组、提炼和浓缩的过程，如图4-51所示。

　　建立人物角色的目的如下。

　　（1）对特定用户群体信息进行提炼和浓缩。用户研究是一个复杂而冗长的工作，复杂是一件好事，但是也会造成重要信息的丢失、数据量异常庞大、报告缺乏重点等问题。所以，设计师需要建立一个丰满、鲜活的以人物形象来描述整合用户群的重要特征的模型。

　　（2）在研发和设计团队中建立统一的"用户群"形象，有利于在跨职能、跨部门、跨团队合作中进行信息传递，避免因为个人理解差异而造成用户形象的失真。

　　（3）提醒开发人员时时刻刻坚持以用户为中心。所以建议设计师在研究完成后将人物角色打印出来，并在开发过程中经常回顾人物角色的特征和需求。

▲ 图4-51　人物角色分析构建

2.　建立人物角色模型的流程与方法

　　建立人物角色模型的流程与方法如图4-52所示，详细步骤如下。

（1）细分用户类别

1）建立全局图，以了解每类用户在总体中的位置。通过对不同类型用户的比较，建立参考系统，以更好地理解每类用户的特点。

2）了解每类用户对总体的影响力。一般需要通过定量研究的方法来了解每类用户及其特征是否具有普遍性。

（2）刻画典型用户

1）清晰定义典型用户的类别。

2）明确刻画角度，这一般根据人物特色和产品开发需求来定。

一般的描述步骤是从表象联系到本质，由外围环境联系到产品，从过去、现在联系到未来，具体内容包括人物的基本属性、文化背景、生活状态、需求点、利益点以及发展趋势等。

3）表现形式按表现性和生动性由弱至强可分为文字、图片、影音等。

（3）修改人物角色

构建人物角色的人是写故事的人，故事则是写给阅读者看的。所以写故事的人需要本着"以阅读者为中心"的原则来刻画人物角色，或者可以通过了解阅读者对于人物角色的理解来反复修改人物角色。

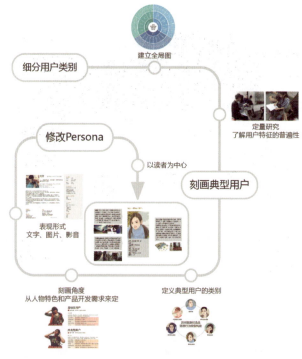

▲ 图4-52　建立人物角色模型的流程与方法

3. 应用案例

在下面的案例中，人物角色的构建基于苏州文化创意产品消费行为调查所建立的典型消费者行为模型。通过前期对苏州文化创意产品消费行为的客观性问卷调查和针对重点人群的主观性深度访谈，设计师从中综合提炼出了6个人物角色，如图4-53~图4-59所示。

▲ 图4-53　苏州文化创意产品消费行为用户模型

角色一（青年女文员）

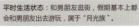
平时生活状态：和男朋友逛街，假期基本上都会和男朋友出去游玩，属于"月光族"。

旅游方式：和男朋友一起。公交，出远门的话会选择火车。这样可以欣赏沿途的风景。曾去过上海、杭州、常州等地区。
对旅游的看法：对于她来说旅游是一种放松心情的方式，平时工作忙。出行以省内景点为主，不太喜欢节假日出去，比较拥挤。

姓名：严玉丽　性别：女
年龄：25岁　教育背景：专科
职业：公司文员
月薪：2500~3000元
工作经验：3年
婚姻：未婚，有男朋友（手机销售员）
来自地区：甘肃兰州
家庭规模：四口之家：爸爸（教师），妈妈（医生），哥哥（物流职业者）
性格：外向、好交际、富有朝气
爱好：旅游、逛街、美食喜欢做饭

旅游时食物选择：一般会选择当地一些比较有特色的街边小吃和小吃店。
本次旅行安排：此次来苏州旅游去了网师园、拙政园、平江路。

对旅游纪念品的选择：每到一个景点，碰到喜欢的会选择购买旅游纪念品。大多数时候是通过拍照来记录整个旅行过程。自己比较喜欢买些吊坠首饰等，同时买一些有纪念性意义的给好朋友。

▲ 图4-54　苏州文化创意产品消费行为用户模型详细分析（1）

角色二（青年男性公务员）

家庭背景：有一个贤惠的妻子，一个可爱但是调皮的儿子，已经上小学了，父亲也是机关单位人员，母亲做点小生意。

出行旅游：近的旅游地方会采用自驾游的方式，中途旅游的方式会采用高速铁路的方式，出境旅游或者远处旅游会坐飞机。每年两次去某个景点游玩，也会利用工作之余到处走走。

姓名：赵琛　　性别：男
年龄：35　　学历：本科
地区：山东　薪资：5000
性格：外向、大方　职业：政府文职
简述：本科毕业后，成为公务员，工作朝九晚五，不算辛苦，但是略显乏味，喜欢旅游，假期喜欢跟家人去各地走走散散心

建筑／生活节奏：青瓦白墙是最具特色的，与之前去过的几个地方截然不同，来了苏州才知道不仅仅是园林是苏州味道，周边的大街小巷建筑也有浓浓的老苏州味道。去过留园，到过平江路，偏爱平江路的小店小情调，白天的平江路和晚上的平江路是两个不同的世界。

关于纪念品：谈到旅游纪念品个人认为这里跟其他地方一样，东西都大同小异，乌镇能卖的，山塘街也有，留园也有，西塘还便宜，找不到能让自己眼前一亮，有购买欲望的东西。喜欢评价古色古香的东西，他们那的小玩意我觉得比拙政园和其他旅游区好，其中，概念类的旅游纪念品是个很新奇的东西，例如寄给未来的自己的明信片，这也算一个纪念品。

▲ 图4-55　苏州文化创意产品消费行为用户模型详细分析（2）

角色三（青年女大学生）

概况：她是一名大二学生，生活费1000元左右，喜欢旅游，曾经自己一个人"穷游"了很多地方。她会利用课余时间做些兼职，寒暑假也会出去兼职，然后用兼职挣的钱去一些比较远的地方旅游，像西藏、云南这些地方。她最大的愿望就是玩遍中国，希望自己可以做一名背包客，一人一包走遍中国大好河山。

对旅游品的看法：她喜欢收集旅游地的有当地特色的旅游纪念品，如果有当地的手绘地图或游览图，她一定会购买。今年国庆她到苏州来找同学玩，在苏州的几天她住在同学的宿舍，白天就和同学出去玩。同学带她去了拙政园、狮子林、留园、博物馆、平江路、观前街等。

姓名：穆小娟　性别：女
年龄：20
来自地区：河南郑州
职业：学生
学校：河南师范大学
专业：美术教育
性格：热情开朗、乐观
爱好：广泛

关于纪念品：她最喜欢苏州的平江路，她觉得平江路有苏州质朴的民风和文化传统特色，在平江路她买了苏州的手绘游览地图。
她游玩过的地方很多，但是她觉得很多地方的旅游纪念品都差不多，例如同样一块刺绣手帕在苏州叫苏绣，在四川叫蜀绣。还有的旅游纪念品做工粗糙。她认为旅游纪念品主要是让游客看到后能想起在当地旅游的情形，所以旅游纪念品要有当地特色，同时做工要精致些，不能像小商品市场上的一样是一条流水线生产出来的。

▲ 图4-56　苏州文化创意产品消费行为用户模型详细分析（3）

角色四（中年男技术工程师）

生活状态：上班，读书看报，旅游。
消费特征：价格合理，质量好的，做工精美。

对旅游纪念品的看法：感觉现在旅游纪念品没有地方特色，做工粗糙，价格偏贵，没有实用价值。
购买旅游纪念品的用途：馈赠亲朋好友，家庭装饰摆放。
他所期望旅游纪念品类型：有地方特色的，有实用价值，寓意好的。力图挑选自己感觉最满意的商品。

姓名：马富贵　年龄：45 岁
学历：高中毕业
来自地区：山东烟台市
职业：工厂技术师傅
工资：5000/ 月
家庭规模：一家三口
女儿：在读大学生
老婆：家庭主妇
性格：温和、谦虚、稳重
爱好：关心时事政治，喜欢运动

关于旅行的看法：一年会去旅游不定次数，喜欢计划好再出去游玩，属于有目的的专程到景点旅游。一般情况都是和老婆女儿一起跟团旅游。喜欢在旅游景点附近小吃吃饭，而住宿则住在连锁酒店。

对苏州的印象：对苏州景点印象颇深的是拙政园和山塘街。山塘街在苏州众多的街巷之中，比较出名，是苏州古城自然与人文景观精粹之所在，堪称"老苏州的缩影，吴文化的窗口"；而拙政园，是江南园林的代表，历史悠久，人杰地灵，人文荟萃，是苏州园林中面积最大的古典山水园林，是苏州园林中最大、最著名的一座，堪称中国私家园林经典。

▲ 图4-57　苏州文化创意产品消费行为用户模型详细分析（4）

角色五（中年企业女高管）

工作状况：1999 年毕业于国内某知名大学经济学专业，并取得硕士学位。目前就职于国内一家知名企业，担任财务总监。平时加班不多，非特别时期，双休日照常休息。平均每年出差七八次。有时也会出国。

生活状态：因为工作和时间关系，平时大多数丈夫负责做饭和家务。喜欢跑步和听歌。参加各种聚会，会见朋友要穿搭的话，大多数为正装、礼服。对于奢侈品没有什么过分的追求。家庭关系和睦。她对目前的生活很满意。

姓名：李玲　年龄：42
职业：某大型企业高管
学历：研究生
性格：自信、坚强、独立、乐观
爱好：跑步、听音乐、旅游
住址：某一线城市高档小区
因为学业，李玲 27 岁才毕业开始工作，所以结婚比较晚。
家庭成员：丈夫（事业单位）
女儿（小学生）

关于旅行：工作不紧张的时候，会选择节假日陪丈夫和女儿出游。丈夫喜欢接近大自然，比较喜欢没有被开发的或者开发程度比较低的，因为这样可以更真实的体验当地风土人情。

关于旅游产品：李玲自己除了旅游外，因为工作关系，去过很多地方，对大多数地方都比较熟悉，很有自己的见解。因为这些关系，她对旅游产品比较挑剔。这些挑剔主要集中在材质、做工和内涵方面。
女儿或丈夫喜欢的话肯定会买的。但不会给女儿买质量差或者做工、材料、设计方面存在安全隐患的，会买一些有地方人文特色、传统寓意好的产品，因为可以起到教育作用。送商业伙伴的话，挑选会很谨慎，注重品质感和特色。

▲ 图4-58　苏州文化创意产品消费行为用户模型详细分析（5）

角色六（退休干部）

生活状态：晨练、聚会、喝茶下棋。
消费特征：注重生活品质，会购买有养生的生活用品，喜欢买收藏价值的东西。

个人描述：我是一名机关单位退休干部，两人居住，平时儿女也回来看看我，我有一儿一女，儿子从商，开了一家连锁店，是董事长，现已婚，无子；女儿是教师，也已婚，有一对龙凤胎，每到周末或节假日儿女有空都会带着孩子来看我。平时我会结伴（老伴）出去走走，看看外面的世界。

姓名：傅正文　性别：男　年龄：65
学历：本科毕业　来自地区：哈尔滨
交通工具：单车
职业：工商局副科长
收入：8000
爱好：登山、打高尔、摄影

对旅游的计划：这次来苏州是有计划来的，提前报了一个夕阳红的旅行社，和老伴一起参团来了苏州，住的是快捷酒店，主餐都是在团里吃，也会吃一点特色小吃，第一站去了拙政园，领略下苏州园林的独特魅力；稍作休息后又游玩了苏州博物馆，参观了大师贝聿铭的设计；第三天我游玩了观前街，体会到了舒适城市现代化的一面。

逛完园林，店铺评价：觉得没有新意，所有的旅游纪念品都大同小异，我不会购买，我注重养生、收藏价值。
期望类型：养生、收藏、馈赠、实用价值的旅游纪念品。

▲ 图4-59　苏州文化创意产品消费行为用户模型详细分析（6）

4.3.3　手板模型验证

关键点描述

产品设计手板模型概论与制作流程完整攻略

1. 手板模型验证的必要性

手板模型是指根据产品设计的外观图或结构图制作出来的产品样板或者产品模型，用来检测和评审产品外观、结构的合理性，也用于向市场提供样品，通过市场检验后或者经过修改满足市场需求后再进行批量生产，如图4-60所示。

手板模型制作是产品设计中的重要环节，能够使设计师获得空间造型，用空间形态方式表达设计构思，并把设计创意更好地付诸实践。产品设计者学习手板模型制作的目的主要有以下3个方面。

（1）获得立体表达设计的知识。

（2）将模型制作作为设计实践的过程。

（3）将制作出来的样品作为展示、评价和验证设计的实物依据。

手板模型验证可以降低直接制造的风险，能够使企业在批量生产前看到产品全貌，抢先占领市场。手板模型验证处在产品设计与批量生产环节之间，起到了桥梁作用，为产品设计走向市场提供了高效、快捷、经济的解决方案，如图4-61所示。

▲ 图4-60　手板模型制作过程

▲ 图4-61　手板模型作用

2. 手板模型的分类

（1）外观手板。外观手板是按照产品的外观设计图纸生产的产品样板。外观手板是可视的、可触摸的实体，可以很直观地以实物的形式把设计师的创意反映出来，避免了"画出来好看而做出来不好看"的弊端。外观手板能直观地评审造型设计方案的人机合理性、产品色彩、产品材质表达、产品整体形态，对检验和优化产品的外观设计有举足轻重的作用，如图4-62所示。

▲ 图4-62　外观手板

（2）结构手板。结构手板是按照产品的结构设计图纸生产的可装配的、可实现真实功能的产品样板。结构手板对产品装配工艺的合理性、装配的难易度、模具制造工艺及生产工艺的分析和评审都起到非常直观的作用，方便设计师及早发现问题，优化设计方案，降低直接开模的风险，如图4-63所示。

（3）模型手板。模型手板是按照产品或产品图纸，以一定的比例（放大/缩小）生产的产品模型。模型手板一般用于参加展会等市场推广、商业洽谈活动，为企业

▲ 图4-63　结构手板

赢得市场先机，如图4-64所示。

3. 手板模型典型制作流程

早期的手板模型因为受到各种条件的限制，其大部分制作工作都是手工完成的，这使得手板模型的加工期长且很难严格达到外观和结构图纸的尺寸要求，因而其检查外观或结构合理性的功能也大打折扣。

▲ 图4-64 模型手板

一方面，随着科技的进步，CAD和CAM技术的快速发展为手板模型制作提供了更好的技术支持。数控加工中心、精雕机、数控铣床、激光成型机，以及大量的后期工艺制作配套设备的普及使手板模型制作真正变得"精确""快速""绚丽"。另一方面，随着市场竞争的日益激烈，产品的开发速度日益成为竞争的主要矛盾，而现代化工艺的手板模型制作工艺恰恰能有效地提高产品开发的效率。

快速制作手板模型主要有以下两种方式。

一种是激光成型（RP）（加法生产模式）。RP手板模型的优点主要表现在它的快速与易操作上。但成本较低的RP手板模型相对粗糙，材料单一，不能反映材料的真实特性，而且对产品的壁厚有一定要求，如壁厚太薄便不能生产。而精度较高的手板模型设备与材料费用又过高。

另一种是电脑控制加工中心(CNC)（减法生产模式）。CNC数控加工的优点是能非常精确地反映图纸所表达的信息和材料特性，制作出来的手板模型质量好，但技术要求也高，目前以运用CNC技术为主的手板模型制作已经成为一个行业，是手板模型制造业的主流。在工业设计行业内提到的手板模型一般都是指用CNC数控加工制作的手板模型，如图4-65所示。

手板模型的典型制作流程大致可以分为9道工序，分别为收取图档、前期分析、CNC编程、CNC加工、手工修正（包括复模成型）、抛光打磨、喷涂与丝印、手工组装、质检组装发货等，如图4-66所示。

▲ 图4-65 CNC数控加工

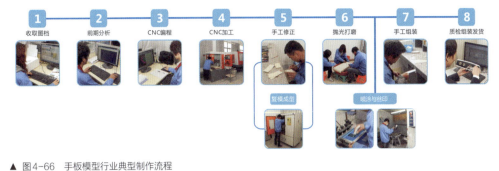

▲ 图4-66　手板模型行业典型制作流程

　　下面以灯具手板模型制作为例，讲解手板模型典型制作流程。

　　（1）收取图档与加工文件整理。在手板模型加工之前，无论由专业手板公司制作还是自主加工，都要进行加工文件的整理工作。需要整理的加工文件有三维格式源文件、CMF 图示文件、丝网印刷源文件（本案例不需要丝网印刷工艺）等，如图4-67和图4-68所示。

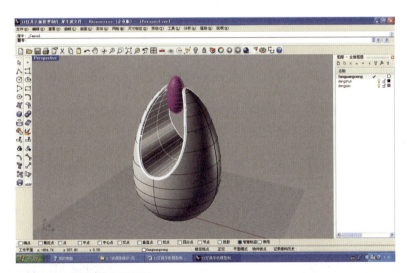

▲ 图4-67　灯具三维格式源文件

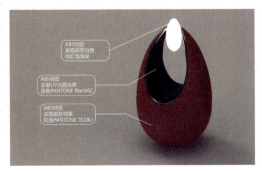

▲ 图4-68　灯具CMF图示文件

（2）前期分析与拆图。分析产品的形态特征与技术要求，并根据手板模型制作工艺的特点编排加工方式。手板模型加工的原料是板材，有一定的厚度限制，在加工手板模型时，要用多块板材加工再拼接形成需要的产品，在软件中完成这样的工作叫作拆图。前期分析与拆图可以有效地利用材料、提高加工效率、降低成本，如图4-69所示。

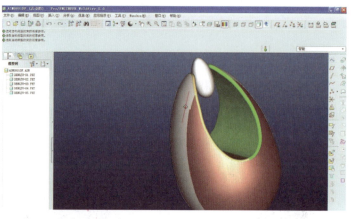

▲ 图4-69　前期分析与拆图

（3）CNC编程与加工。将拆分好的部分文件输入数控加工编程软件Mastercam，编写加工刀具与加工路径等数控加工代码，并将代码输入CNC加工设备，将各个部件加工完毕，如图4-70和图4-71所示。

（4）后期表面处理。对加工完成的部件进行手工修正，将一些加工瑕疵和配合不到位的地方逐一处理。对灯具主体相同材质的部件进行装配和粘接，将接缝处修整打磨。模型的后期表面处理需要多次反复进行，直到满足设计要求为止，如图4-72所示。

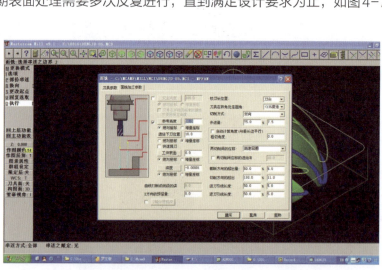

▲ 图4-70　CNC编程

▲ 图4-71　CNC加工

▲ 图4-72　后期表面处理

（5）喷涂与组装。首先是根据标注的PANTONE色号在色卡上选择对应的颜色。根据色卡颜色进行反复调色并试喷，以保证调出的颜色准确、合适；然后将最终调好的颜色的颜料装入喷枪中，根据CMF图示文件中表面处理的要求进行喷涂。不同的颜色区域与材质区域要分别喷涂，如图4-73和图4-74所示。最后将喷涂好的部件组装到一起，一个灯具的手板模型就制作完成了，如图4-75所示。

▲ 图4-73　根据PANTONE色号调色

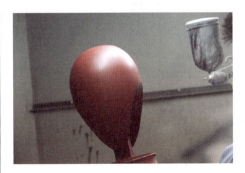

▲ 图4-74　喷涂

▲ 图4-75　灯具手板模型

Cultural and Creative Product Design

4.4 案例拓展

案例拓展

4.4.1 "园意"文化创意产品设计

"园意"文化创意
产品设计

1. 主题方向定位

根据前期调研，设计师选取江南文化最具代表性的园林作为设计来源，以"把园林带回家"作为主要设计理念，以"园意"为主题，用传统造园手法中典型的"借景"和"框景"设计一套适合在家庭阳台使用的花盆和鸟架，设计意向图如图4-76所示。

▲ 图4-76 "园意"主题设计意向图

2. 设计概念确认

根据主题方向定位进行概念设计草图的绘制，将花盆和鸟架设计成一个系列，方便根据阳台尺寸和摆放位置进行调整组合，如图4-77～图4-79所示。在成套产品中，每个产品中的花盘尺寸规格保持一致，方便互换。设计师运用"钢筋混凝土"的概念设计花盆和鸟架，以混凝土为花盆材质，以金属作为框架材质，使产品在材质上与现代家庭阳台构造保持一致，并运用传统造园手法体现设计理念，实现了传统造物思想在现代生活中的演绎。

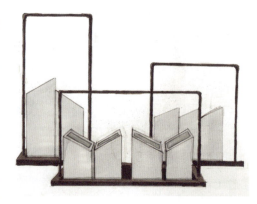

▲ 图4-77 "园意"阳台用品系列花盆设计草图（1）

▲ 图4-78 "园意"阳台用品系列花盆设计草图（2）

▲ 图4-79 "园意"阳台用品系列鸟架设计草图

3. 设计作品展示

园林能代表江南文化，设计师将"借景"和"框景"这两种典型的传统造园手法运用在本产品的设计上，设计出这套组合花盆和鸟架。花盆和鸟架的材质分别选用混凝土和金属。混凝土与生俱来的透气性十分适合植物生长，混凝土外表简朴却厚重、清雅，跟苏式造园审美观不谋而合，也很符合现代审美标准。金属的外框架在方便挪动的同时，与盆景构成天然的画面，传达出浓厚的园林文化气息，让人有从单调浮躁的现代生活回归苏式生活的特殊态度，如图4-80和图4-81所示。

▲ 图4-80 "园意"阳台用品系列

▲ 图4-81 "园意"阳台用品系列局部

4.4.2 "知足"文化创意产品设计

1. 主题方向定位

根据前期调研，以中国传统文化中的"知足"为主题设计餐具，通过对餐具造型的设计，无形中控制用户饮食量，提升用户饮食品质，使用户体会到"祸莫大于不知足，咎莫大于欲得，故知足之足，

案例拓展

"知足"文化创意
产品设计

常足矣"的传统哲学，如图4-82所示。

▲ 图4-82 "知足"主题设计意向图

2. 设计概念确认

根据主题方向定位进行设计要素的梳理，设计师先运用思维导图梳理"知足"所对应的表现形式，再通过绘制概念设计草图的方式进行表现，并通过减少容量、斜切、镂空等方式实现减少餐具承载食物的量的可能，如图4-83～图4-85所示。

▲ 图4-83 "知足"概念表现形式思维导图

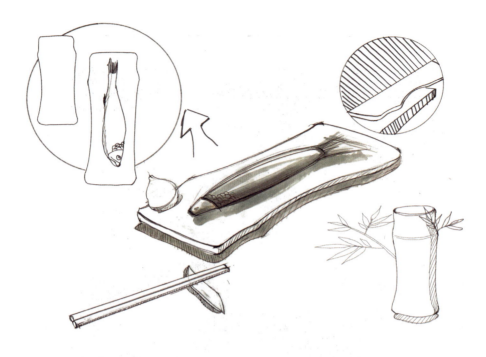

▲ 图4-84 "知足"概念表现形式设计草图（1）

▲ 图4-85 "知足"概念表现形式设计草图（2）

3. 设计作品展示

设计师以中国传统文化中人们对生活的满足与适可而止的生活哲学，即"知足"为主题，设计了一系列的餐具。例如，采用"圆缺"手法设计的黑陶材质餐具，采用竹节与竹叶造型设计的白瓷餐具，倡导的就是健康饮食。适量即可，过满则溢，如图4-86~图4-89所示。

▲ 图4-86 "知足"餐具系列一

▲ 图4-87 "知足"餐具系列一 局部

▲ 图4-88 "知足"餐具系列二

▲ 图4-89 "知足"餐具系列二 局部

4.4.3 "水墨苏乡"文化创意产品设计

1. 主题方向定位

根据前期调研，设计师以"水墨苏乡"为主题，以江南水乡传统建筑与布局为造型元素，设计了一套适合现代家庭使用的"新文房四宝"，设计意向图如图4-90所示。

▲ 图4-90 "水墨苏乡"主题设计意向图

2. 设计概念确认

根据主题方向定位进行概念设计草图的绘制，设计师综合运用了江南水乡中的各种元素，例如将冰裂纹窗花、马头墙、石桥、屋檐等元素添加到笔架、笔搁、砚台、镇纸中，营造人看窗外小桥、流水、渔船的意境，如图4-91所示。

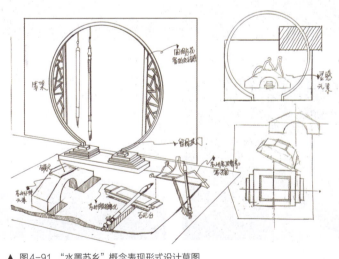

▲ 图4-91 "水墨苏乡"概念表现形式设计草图

3. 设计作品展示

这一套产品的设计灵感来源于江南水乡的小桥流水元素，整套产品组合在一起时就变成了一个在水乡人家看窗外的小桥、船只、水、房子的场景。笔架的造型是水乡人家的木门，冰裂纹窗花代表窗户。产品的底座也用了叠加的设计语言，从产品的后面看，所有层层叠叠的结构变成了一个马头墙的造型。镇尺的造型选自水乡的小桥，中间留有一段凹槽放置笔搁。砚台的造型参考了水乡小桥下的船的外形，在宽度上稍做改变，使其更加接近传统的砚台的造型。笔搁采用的是水乡人家的一些不同的建筑屋顶的造型。整套产品造型语言统一，设计精巧，适合现代家庭使用，如图4-92~图4-97所示。

▲ 图4-92 "水墨苏乡"文房文创产品系列

▲ 图4-93 "水墨苏乡"文房文创产品系列正面

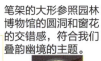

笔架的大形参照园林
博物馆的圆洞和窗花
的交错感，符合我们
叠韵幽境的主题。

笔架的底的形参考
了留园拱门的底部。

▲ 图4-94 "水墨苏乡"文房文创产品细节说明图（1）

用苏州具有特色的屋顶的剪影，做一个笔搁，具有错落
感的视觉效果，符合水墨苏乡的主题。

▲ 图4-95 "水墨苏乡"文房文创产品细节说明图（2）

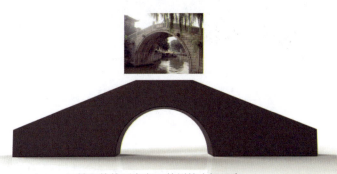

镇尺的外形参考了苏州的小桥元素。

▲ 图4-96 "水墨苏乡"文房文创产品细节说明图（3）

对苏州的船进行抽象化，并调整其形体
比例，使其更接近砚台的实际比例。

▲ 图4-97 "水墨苏乡"文房文创产品细节说明图（4）

05

第5章

文化创意产品设计赏析

5.1 景区文化创意产品设计

案例赏析

景区文化创意产品设计作品赏析

1. 上海建筑办公用品系列

该设计创意来源于上海的标志性建筑外白渡桥、上海中心大厦和东方明珠，设计师将这些建筑的外观和结构特点设计成名片架、磁性架和笔筒。该套产品采用金属材质，具有实用性的同时兼具趣味性。上海建筑办公用品系列如图5-1～图5-4所示。

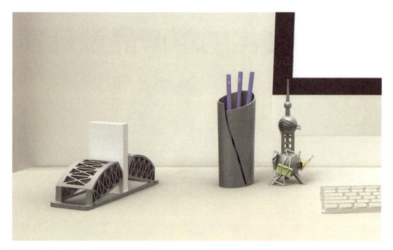

▲ 图5-1 上海建筑办公用品系列

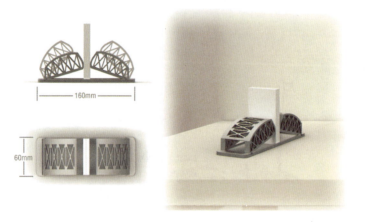

▲ 图5-2 上海建筑办公用品系列——名片架

▲ 图5-3 上海建筑办公用品系列——磁性架

▲ 图5-4 上海建筑办公用品系列——笔筒

2. "印象上海"创意识别胶带

此款创意识别胶带以上海黄浦江两岸的建筑群为元素进行设计。浦东代表"新上海"，浦西代表"老上海"。日常使用时用浦西老上海胶带封装不常用的东西，用浦东新上海胶带封装即将使用的东西，既实用又方便。同时此款胶带分为线描版和剪影版两种，独特新颖，方便携带，适合大众消费。"印象上海"创意识别胶带如图5-5和图5-6所示。

3. 石库门百搭积木组合

石库门百搭积木组合的设计灵感来源于石库门丰富的建筑造型。该产品共有4种风格，超过16种不同的搭建方法，青少年用户通过对不同门套、门楣、门柱等的搭建，可以加深对石库门建筑文化的了解和传承，如图5-7和图5-8所示。

▲ 图5-5 "印象上海"创意识别胶带

▲ 图5-6 "印象上海"创意识别胶带的不同

▲ 图5-7 石库门百搭积木组合

▲ 图5-8 石库门百搭积木分解

4. 寒山寺游戏拼图手机壳系列

寒山寺是苏州的著名景点,《枫桥夜泊》就是描述寒山寺的著名古诗。该设计将寒山寺题字和《枫桥夜泊》中的诗句设计成游戏拼图并设置在手机壳背部。拿起手机玩手机壳背部的拼图游戏,既可以减少人们点亮手机的次数,也可以让大家对描述寒山寺的著名诗句和寒山寺题字产生深刻记忆,如图5-9和图5-10所示。

▲ 图5-9 寒山寺游戏拼图手机壳系列

▲ 图5-10 寒山寺游戏拼图手机壳使用场景

5. 枫桥夜泊回形针

该设计以《枫桥夜泊》中的诗句为灵感，将诗句中所描述的"明月""枫桥""霜花""鸟""渔火""普明宝塔""大钟""客船"等风景抽象成创意性回形针，适合办公与学习使用，如图5-11和图5-12所示。

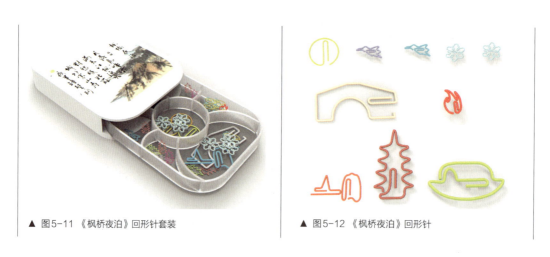

▲ 图5-11 《枫桥夜泊》回形针套装

▲ 图5-12 《枫桥夜泊》回形针

6. 留园松鼠双嬉木梳

该设计灵感来源于留园林泉耆硕之馆的格扇木雕松鼠双嬉图，设计师将木雕图中松鼠的形态与木梳结合，保留了松鼠原有的姿态神韵，既能让人们体会木雕工艺，又具有使用价值，如图5-13所示。

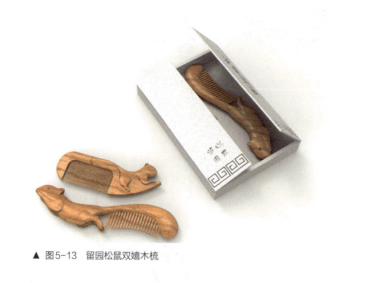

▲ 图5-13 留园松鼠双嬉木梳

7. 留园"去留"伞

该作品以留园的名称为设计元素，预示留下美好的旅游记忆，也暗示留下伞边重要的人。伞柄处刻有"去""留"两字，旋转之间，一去一留，即把选择权掌握在自己手里；伞面颜色灵感来源于江南建筑的粉墙黛瓦配色，伞柄、伞架采用木材与金属的搭配，如图5-14～图5-16所示。

▲ 图5-14　留园"去留"伞打开状态

▲ 图5-15　留园"去留"伞关闭状态　　　　　▲ 图5-16　留园"去留"伞伞柄

8. "徽州印象"纪念杯

　　该纪念杯的设计灵感来源于熹园里的徽派建筑，设计师提取建筑的屋檐元素，将其作为杯子图案，展现了徽州给人的青瓦白墙的印象；设计师还将深灰色橡胶嵌入杯身，使之微微凸起，既给人立体的感觉，又能起到隔热、增强摩擦力的作用；此外，设计师设计了单品及组合包装、品牌形象T恤，提升了品牌价值，如图5-17～图5-20所示。

▲ 图5-17　"徽州印象"纪念杯

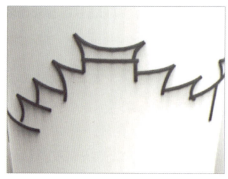
杯身设有凹槽，以便与橡胶材质的防滑套相结合

将取自徽派建筑元素的橡胶材质防滑套嵌在杯身凹槽内

根据人机工程学，手正好握在防滑套上，起到隔热、防滑的作用

▲ 图5-18 "徽州印象"纪念杯功能示意

▲ 图5-19 "徽州印象"纪念杯包装

▲ 图5-20 "徽州印象"T恤

5.2 城市文化创意产品设计

案例赏析

城市文化创意产
品设计作品赏析

1. "叠韵幽境"文房产品系列

这套产品的设计灵感源于传统苏州园林的景色。设计师根据透过房间的方形门能看见院子里的圆形拱门这一独特角度设计了一套文房产品，如图5-21~图5-24所示。

▲ 图5-21 "叠韵幽境"文房产品系列整体

▲ 图5-22 "叠韵幽境"文房产品系列局部（1）

▲ 图5-23 "叠韵幽境"文房产品系列局部（2）

笔架造型源于园林中的方门，以方门的高低排列展现"叠韵"的造型特点。设计师在方门上稍微做一些造型上的变化，使它隐隐约约形成一个圆形，这个圆形则代表园林中的圆形拱门，从而达到方中有圆的效果，体现了文人的低调、含蓄。笔架采用插接组合的方式连接，窗花部分及底座部分都分别有一

▲ 图5-24 "叠韵幽境"文房产品系列局部（3）

个小的凸口和凹槽，把凸口部分对进凹槽再向下施压即可完成拼接，组装使用方便，如图5-25所示。

笔搁的造型采用苏州马头墙的元素，如图5-26所示。镇尺的造型是苏州园林中桌子的造型，镇尺两边的波浪造型使镇尺就像一个展开的卷轴，为产品增添了文化气息，如图5-27所示。砚台的外形是笔架中间区域的负形，里面也嵌入圆形，并使用了方圆结合的设计语言，如图5-28所示。整套产品造型语言统一，设计精巧，适用于现代家庭书房。

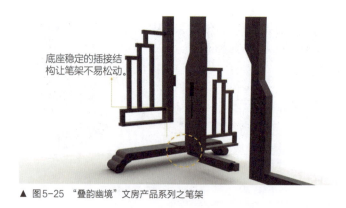
底座稳定的插接结构让笔架不易松动。
▲ 图5-25 "叠韵幽境"文房产品系列之笔架

在笔搁中加入了苏州马头墙的元素。

与笔架的外形建立联系。

▲ 图5-26 "叠韵幽境"文房产品系列之笔搁

以苏州古典园林中的桌子的造型，设计的镇尺，能增添文化气息。

镇尺两边的波浪造型使镇尺像一个
打开的书卷，符合产品的用途。

▲ 图5-27 "叠韵幽境"文房产品系列之镇尺

两边与笔架
建立联系。

内形也与笔架
建立了联系。

砚台的外形与笔架都利用方圆结
合的设计语言，以形成一个圆形。

▲ 图5-28 "叠韵幽境"文房产品系列之砚台

2. "雅意"生活办公产品系列

该设计将苏式建筑元素与日常办公用品结合，能让人们在生活中感受到苏州的"雅意"氛围。该设计取苏州建筑各式房檐的特点，让使用者在多方位视角下获得苏州建筑高低起伏、层叠有致的视觉体验，房檐组合是从苏式建筑中层层筛选出的典型造型，将苏州窗棂的造型融入回形针中则给人一种景在纸上的感觉。产品整体的色调为黑色加原木色，体现出苏州建筑的素雅感觉，同时符合现代人对简洁的追求。产品材质为木材，在触觉和视觉两方面都凸显出朴实无华的特点。"雅意"生活办公产品系列及其使用场景如图5-29～图5-33所示。

▲ 图5-29 "雅意"生活办公产品系列

▲ 图5-30 "雅意"生活办公产品系列使用场景

▲ 图5-31 "雅意"生活办公产品系列之年历

▲ 图5-32 "雅意"生活办公产品系列之名片架、直尺

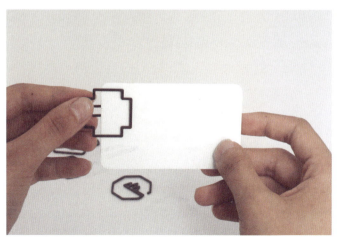

▲ 图5-33 "雅意"生活办公产品系列之回形针

3."苏忆"家居产品系列

设计师饱含着对古老苏州的怀旧情感，将时光流逝、新旧交替的意境融入产品中，在造型方面对苏州建筑中层叠错落的元素进行提取和概括，并运用塑料与硅胶形成系列收纳产品，包含纸巾收纳盒、可旋转置物架、化妆刷收纳盒、手机支架、台灯和化妆品收纳盒6个部分。该产品系列通过简约的造型、实用的功能让人回味美好经历和展现对未来的憧憬，适合年轻女性使用，如图5-34～图5-37所示。

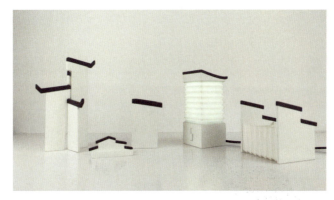

▲ 图5-34 "苏忆"家居产品系列（1）

▲ 图5-35 "苏忆"家居产品系列（2）

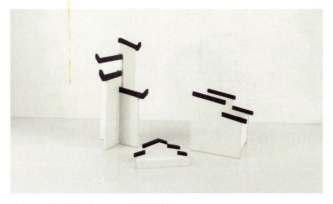

▲ 图5-36 "苏忆"家居产品系列（3）

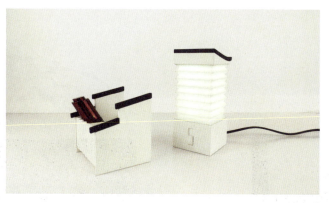

▲ 图5-37 "苏忆"家居产品系列（4）

4."联韵"办公用品系列

在素有"人间天堂"美誉的苏州，旧居民区水网纵横，呈现出家家屋前是小巷，屋后是水巷的小桥流水之景。该设计将水、桥、巷的元素与办公用品（笔筒、收纳盒、名片盒、手机支架）相结合，能在新中式书房中营造惬意的氛围。

收纳盒的金属把手提取了桥的拱形元素，收纳盒主体分为两部分，前半部分有收纳作用，后半部分可当花器使用。名片夹提取了桥的元素，两桥之间用于放置名片、证件等，底部为木材，整体呈现的是桥水相连的美好画面。手机支架与笔筒提取了巷子元素，外表采用巷子中房檐起伏的造型，摆放在一起更有水乡巷陌的感觉；笔筒的造型加上镂空窗花的设计，有着旧居民区家家户户紧密连接的美好寓意。"联韵"办公用品系列如图5-38～图5-40所示。

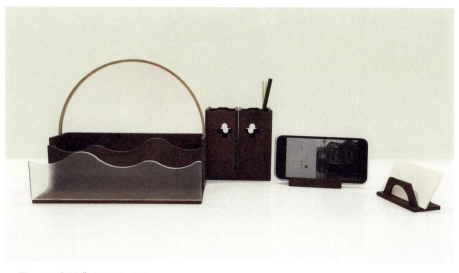

▲ 图5-38 "联韵"办公用品系列

▲ 图5-39 "联韵"办公用品系列之手机支架

▲ 图5-40 "联韵"办公用品系列之收纳盒

5. "海上丝路"茶滤产品系列

该设计的灵感来源于黄浦江上从老上海的"沙船"到新上海的"游轮""运输船"的演变过程，表达了对海上丝绸之路发展的美好期待。该产品系列采用金属和塑料结合的材质，是造型简单、实用、有趣的文创产品，如图5-41～图5-45所示。

▲ 图5-41 "海上丝路"茶滤产品系列

上海沙船

上海游轮

上海运输船

▲ 图5-42 "海上丝路"茶滤产品系列造型

▲ 图5-43 "海上丝路"茶滤产品系列之沙船

▲ 图5-44 "海上丝路"茶滤产品系列之游轮

▲ 图5-45 "海上丝路"茶滤产品系列之运输船

6. "海上上海"流动液体手机壳

该设计以上海黄浦江两岸建筑群为背景，并使其卡通形象化，配上古代帆船和现代轮船，象征着上海从古至今的经济和文化发展，如图5-46～图5-48所示。

▲ 图5-46 "海上上海"流动液体手机壳

浦西：　　　　　古代帆船：　　　　浦东：　　　　现代轮船：

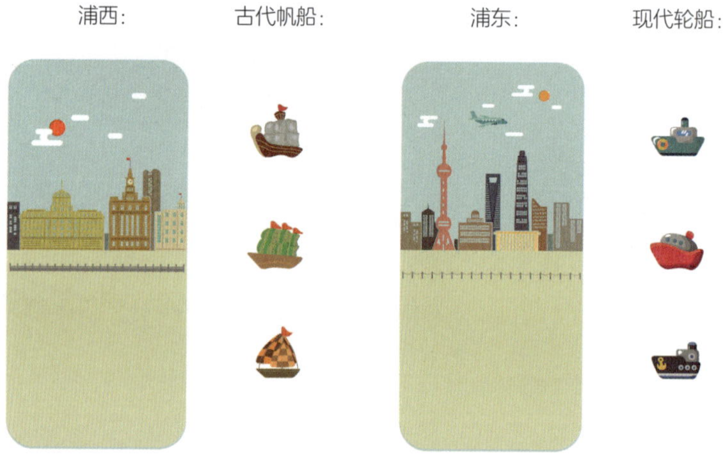

▲ 图5-47 "海上上海"流动液体手机壳图示说明

▲ 图5-48 "海上上海"流动液体手机壳使用示意图

7."趣味上海"冰激凌模具

该设计将上海的地标建筑应用在了冰激凌模具上。几乎每个孩子都爱吃冰,有了这款冰激凌模具,你不仅可以让孩子享受到美味的冰,还能让孩子认识上海的地标建筑,如图5-49~图5-51所示。

▲ 图5-49 "趣味上海"冰激凌模具

▲ 图5-50 "趣味上海"冰激凌成品

模具效果图　　　　　　　　　　冰激凌效果图

环球金融中心 东方明珠 金茂大厦

上海石库门　　豫园湖心亭

▲ 图5-51 "趣味上海"冰激凌模具造型说明

8."苗乡记忆"男士服饰配件系列

在苗族传统服饰当中，领口、腰间、布与布的拼接处会出现两种回形纹，其与现代男士服饰配饰中的领带夹、袖口、皮带扣、皮带钥匙扣的配挂位置一致。将这两种回形纹与苗族传统服饰配色运用在这些产品上，就使得传统服饰与现代服饰实现了关联。人们即使无法真正身处苗乡，通过该设计也可以在现代社会中有仿佛身处苗乡的感觉。"苗乡记忆"男士服装配饰系列如图5-52和图5-53所示。

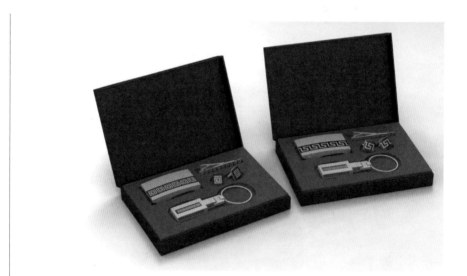

▲ 图5-52 "苗乡记忆"男士服饰配件系列

▲ 图5-53 "苗乡记忆"男士服饰配件

5.3 主题文化创意产品设计

案例赏析

主题文化创意产品设计作品赏析

1. "生生慢"苏式生活用品系列

"生生慢"苏式生活用品系列的设计灵感来源于苏州人民的日常生活状态，设计师从中提取了5个感官动词"触""赏""感""品""嗅"进行设计，结合当地自然景观、人文风情设计出符合苏式生活状态的日常用品；该用品系列适合对生活品质有一定设计要求的人群，他们可在紧张的工作结束后，在家感受苏式慢生活之美，如图5-54所示。

▲ 图5-54 "生生慢"苏式生活用品系列

"触"——梳妆盒设计。以桥为造型，开合方式充分利用桥本身的结构，所有可开合的活动件均用深色的黑胡桃木制作，固定件用浅色的棒木制作。远看时，"桥"的形状会更加明显，如图5-55所示。

"赏"——音箱设计。以"慢"为中心思想,材质为木材和塑料，同时融入了苏州拙政园玲珑馆里的玉壶冰元素，展现了别具风格的苏式慢生活音箱，如图5-56所示。

"感"——灯具设计。灯具设计运用了苏州的小桥流水元素，灯罩上的弧线表现的是柔和的流水。灯具整体看上去是一个简单的几何体,不会给人压迫感，中间部分用宣纸制作，暖白色的灯光透过宣纸给人柔和、恬淡、静谧的感觉，如图5-57所示。

▲ 图5-55 "生生慢"苏式生活用品系列之梳妆盒

▲ 图5-56 "生生慢"苏式生活用品系列之音箱

▲ 图5-57 "生生慢"苏式生活用品系列之灯具

"品"——糖果盒设计。该设计以苏州的小桥流水为设计元素,用水波涟漪来体现苏式慢生活的感觉。糖果盒整体为水纹造型且相互呼应,用户根据需要可以将小盒子取出或收纳,以充分利用空间,这从细节上诠释了精致的苏式慢生活,如图5-58所示。

▲ 图5-58 "生生慢"苏式生活用品系列之糖果盒

"嗅"——熏香台设计。该设计提取了苏州房屋瓦片的弧形为设计元素。线条多为曲线,产品富有质感。以象牙果为香座,新奇且具禅意,如图5-59所示。

▲ 图5-59 "生生慢"苏式生活用品系列之熏香台

2. "雅朴"餐具系列

本产品的设计灵感来源于苏州的景点和风土人情,以"雅朴"为主题,将古朴雅致的感觉融入餐具设计。设计师将太湖石转化成餐具主体结构,将山水的形态转化成装饰包边，用简单的几何语言表达出山水结合的意境，从而形成了一系列文创餐具产品。这个系列共有6件餐具，分别是碗、盘子、筷子、筷架、杯子和勺子。在材质方面，选用陶瓷、可食用级硅胶。在颜色方面，用简洁的蓝白色表达简约、雅致的感觉，这也更能表现出苏州雅致古朴的感觉。"雅朴"餐具系列如图5-60～图5-64所示。

▲ 图5-60 "雅朴"餐具系列

▲ 图5-61 "雅朴"餐具系列局部（1）

▲ 图5-62 "雅朴"餐具系列局部（2）

▲ 图5-63 "雅朴"餐具系列局部（3）

▲ 图5-64 "雅朴"餐具系列局部（4）

3. "灵韵"厨房用品系列

该产品为采用苏作家具元素设计而成的一系列厨房用品：调味瓶、刀架盒、油壶、挂钩架。设计师将官帽椅的造型运用到调味瓶盖子的把手及挂钩架结构中，将罗汉床榻的造型运用到刀架盒中，整体上体现了苏作家具的"灵韵"。产品功能符合人机工程学，方便拿取及摆放，瓶盖内壁镶嵌橡胶材质部件，能增强与瓶身的摩擦力，使容器密封性更好。瓶身采用磨砂处理，整体看上去具有朦胧感，让人在使用时有一种身处江南"近水远山皆有情"的韵味。"灵韵"厨房用品系列如图5-65～图5-70所示。

▲ 图5-65 "灵韵"厨房用品系列

▲ 图5-66 "灵韵"厨房用品系列局部（1）

▲ 图5-67 "灵韵"厨房用品系列局部（2）

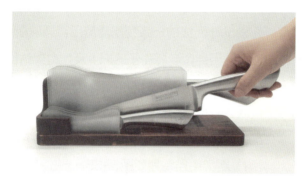

▲ 图5-68 "灵韵"厨房用品系列局部（3）

▲ 图5-69 "灵韵"厨房用品系列局部（4）

▲ 图5-70 "灵韵"厨房用品系列局部（5）

4. "素净古塔"茶具产品系列

本产品的设计灵感来源于中国建筑史上的四大名塔。茶具由茶托与茶杯组成，茶托底部与茶杯底部之间有卡槽衔接，从而使茶杯不易倾斜，茶杯依次堆叠起来还可以形成塔的形状。本产品可堆叠收纳，方便摆放。茶具在不使用时也能成为独特的摆件，为生活增添闲情意趣。"素净古塔"茶具产品系列及其使用场景如图5-71～图5-76所示。

▲ 图5-71 "素净古塔"茶具产品系列

▲ 图5-72 "素净古塔"茶具产品系列局部（1）

▲ 图5-73 "素净古塔"茶具产品系列局部（2）

▲ 图5-74 "素净古塔"茶具产品系列局部（3）

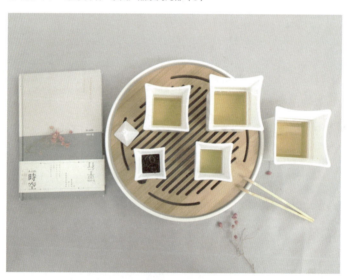

▲ 图5-75 "素净古塔"茶具产品系列局部（4）

置茶　　　　　注水　　　　　浸泡　　　　　出茶

▲ 图5-76 "素净古塔"茶具产品系列使用场景

5. "清透"文具系列

设计师从苏州园林布局中获得灵感，以园林里光透过山与水形成的清透感为主题，设计出一系列文创文具产品。该文具系列由笔筒、托盘、书立、名片夹4个产品组成，可以通过插接方式进行组合，以便于包装、运输、使用。这些产品的材质以木材和有机玻璃为主，能体现山水重叠、光影交错的清透感。"清透"文具系列如图5-77和图5-78所示。

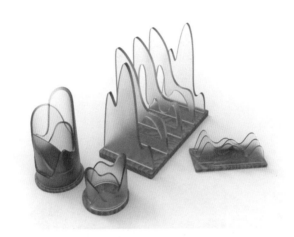

▲ 图5-77 "清透"文具系列（1）

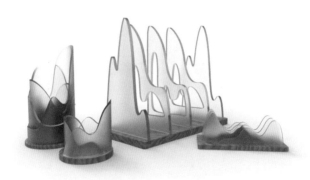

▲ 图5-78 "清透"文具系列（2）

6. "苏刻"生活产品系列

苏式雕刻以其温婉细腻的雕刻风格在众多木雕种类中占据重要位置，本产品系列用手工雕刻的方式将山水意象融入产品中，凿木材为山体，化木纹为水肌，造型和线条简约而不简单，营造出安静、舒适的生活氛围，如图5-79～图5-83所示。

▲ 图5-79 "苏刻"生活产品系列

▲ 图5-80 "苏刻"生活产品系列之香器

▲ 图5-81 "苏刻"生活产品系列之置物架

▲ 图5-82 "苏刻"生活产品系列之音箱

▲ 图5-83 "苏刻"生活产品系列之花器

7. "错落时光"智能计时产品系列

该产品系列以苏式建筑群的错落感为设计灵感,抽象出建筑造型并与桥、云等元素结合,展现江南水乡意境。该产品系列包括在家居环境中使用的座钟和挂钟,采用LED灯模拟日月变化来显示时间,到相应的时间时与之对应的灯会亮起,灯光与一天中光线的变化相对应。白天模仿太阳光,晚上模仿月光。用户可用手机App设定光线的强弱与冷暖,还可用灯光变化进行特定时间的提醒,因此,该产品系列具有丰富的应用场景。"错落时光"智能计时产品系列如图5-84~图5-86所示。

▲ 图5-84 "错落时光"智能计时产品系列

▲ 图5-85 "错落时光"智能计时产品系列之座钟

▲ 图5-86 "错落时光"智能计时产品系列之挂钟

8. "童年趣事"九子游戏杯系列

这套杯子的设计灵感来源于"80后"在童年时常玩的游戏——"九子游戏"。杯子底座的造型像游戏中的"造房子"。本系列共有9个杯子，杯子上面有数字1到9，每个杯子上有对应游戏的名称。一个杯子代表一种游戏，9个拼成一套。每个杯子上的人物都有不一样的动作，代表不同的游戏。杯口朝上用户就能看到对应的游戏场景。杯子上的人物向内凹，以方便抓握。"童年趣事"九子游戏杯系列及其衍生品等如图5-87～图5-94所示。

▲ 图5-87 "童年趣事"九子游戏杯系列（1）

▲ 图5-88 "童年趣事"九子游戏杯系列（2）

▲ 图5-89 "童年趣事"九子游戏杯系列之底座

▲ 图5-90 "童年趣事"九子游戏杯系列主题场景

▲ 图5-91 "童年趣事"九子游戏杯系列纸盒包装

▲ 图5-92 "童年趣戏杯系列环保袋

▲ 图5-93 "童年趣事"九子游戏杯系列衍生品（1）

▲ 图5-94 "童年趣事"九子游戏杯系列衍生品（2）

［1］朱月，杨猛．创意旅游纪念品设计［M］．桂林：广西师范大学出版社，2019.

［2］丁伟．文创设计新观［M］．北京：北京理工大学出版社，2018.

［3］张凌浩．江南地区传统工艺与文创设计［M］．北京：中国建筑工业出版社，2019.

［4］罗诗淇．文创物语：解读文创设计力［M］．香港：香港高色调出版有限公司，2021.

［5］《日经设计》编辑部．日本文具文创设计（原书第2版）［M］．邓召迪，译．北京：机械工业出版社，2021.

［6］沈婷，郭大泽．文创品牌的秘密：从创意、设计到营销［M］．南宁：广西美术出版社，2019.

［7］陈凌云．博物馆文化创意产品开发研究［M］．上海：上海社会科学院出版社，2019.

［8］辛勤颖．和而不同：中国传统文化与工业产品设计融合性研究［M］．成都：电子科技大学出版社，2018.

［9］季铁，郭寅曼．绿色智创：设计推动地域振兴的文创活动案例解析［M］．南京：江苏凤凰美术出版社，2019.

［10］周承君，何章强，袁诗群．文创产品设计［M］．北京：化学工业出版社，2019.

［11］王俊涛．文创开发与设计［M］．北京：中国轻工业出版社，2019.

［12］张颖娉．文化创意产品设计及案例［M］．北京：化学工业出版社，2020.

［13］钟蕾，李杨．文化创意与旅游产品设计［M］．北京：中国建筑工业出版社，2015.

［14］吴琼．工业设计振兴传统手工艺产业研究［M］．北京：化学工业出版社，2019.

［15］吴朋波．旅游纪念品设计［M］．北京：人民邮电出版社，2014.

Cultural and Creative Product Design

［16］石明磊，周惠民．文化创意与设计服务（C&D）：理论、指标与应用［M］．北京：经济管理出版社，2018.

［17］潘鲁生．文化创意产品设计开发［M］．北京：中国纺织出版社，2022.

［18］栗翠，张娜，王冬冬．文创产品设计开发［M］．北京：中国轻工业出版社，2021.

［19］戴力农．设计调研［M］．2版．北京：电子工业出版社，2016.

［20］冯崇裕，卢蔡月娥，拉奥．创意工具［M］．上海：上海人民出版社，2010.

［21］立德威尔，霍顿，巴特勒．通用设计法则［M］．朱占星，薛江，译．北京：中央编译出版社，2013.

［22］马丁，汉宁顿．通用设计方法［M］．初晓华，译．北京：中央编译出版社，2013.

［23］代尔夫特理工大学工业设计工程学院．设计方法与策略：代尔夫特设计指南［M］．倪裕伟，译．武汉：华中科技大学出版社，2014.

［24］李程，李汾娟．产品设计手板模型制作案例解析[M].北京：机械工业出版社，2020.

［25］李程．产品设计方法与案例解析[M]．2版．北京：北京理工大学出版社，2020.

［26］李程，曹一华．产品模型设计与制作[M].北京：高等教育出版社，2022.

［27］李程，廖水德．工业设计专业校企合作手板模型课程的改革与实践［J］．装饰，2013（6）:106-107.

［28］李程，李汾娟．产品设计问卷调查的常见问题与对策［J］．艺术与设计（理论），2012（5）：126-127.

［29］李程．苏州旅游纪念品设计用户研究实践［J］．设计，2018（2）：106-107.

［30］李程．"互联网＋"背景下艺术设计类教材建设与同步更新实践研究——以《产品设计方法与案例解析》为例［J］．中国艺术，2020（2）：100-105.